しあわせの、自給自足。

茂木町の人々と道の駅もてぎの挑戦
豊かなまちづくりのヒントがここにある

栃木県茂木町
[編]

プロローグ

栃木県東南部に位置する茂木町。茨城県と接する東部には八溝山系が南北に連なり、起伏のある地形と清流那珂川が風光明媚な景観を織りなす、自然豊かな中山間地域だ。

地域の人々は古来里山の資源を利用して暮らし、その営みは時代とともに変遷してきた。明治・大正期にはタバコ産業で栄え、葉タバコ栽培が盛んに行われた茂木町だがタバコ産業の衰退に応じて昭和40年代以降はコンニャク、原木シイタケ、近年はいちご、ニラなどの栽培振興に取り組み、成果を上げてきた。一方で人口減少や農業従事者の高齢化、担い手不足による耕作放棄地の増加が課題となっている。

それでも、茂木町の人々は決してへこたれない。役場の職員も町民や関係者と膝を突き合わせて課題に向き合い、まちぐるみで新たな挑戦を続けている。町民の結束力の高さや足元にある里山資源を活かそうとする姿勢は、茂木町に連綿と受け継がれてきた精神的豊かさといえるだろう。

そんな茂木町に栃木県第1号となる「道の駅もてぎ」が開業したのは今から28年前のこと。それは、町の存続を揺るがす大水害からの復興の象徴でもあった。道の駅によって茂木町では農産物の生産振興や6次産業化などが進み、今や地域に欠くことのできない拠点へと成長した。

そして、再び転機が訪れた。老朽化などによる建て替えを検討していた「道の駅もてぎ」が、国土交通省が推進する第3ステージのモデル駅に選定されたのだ。これを機に、「道の駅もてぎ」は地域課題解決のための拠点として、まちづくりを支える場を目指すという。その担い手となる茂木町の人たちは、どんな挑戦をするのだろう。町の人々の奮闘の歴史を振り返りながら、未来の茂木町を、そしてリニューアル後の道の駅の姿を想像してみよう。

● 東北自動車道
宇都宮IC～約70分

● 北関東自動車道
真岡IC～約40分
友部IC～約35分

● 常磐自動車道
水戸北スマートIC～約40分

茂木町

人　口：10,851人
面　積：172.69㎢
森林率：64％

●古口達也茂木町長インタビュー

水害を経て栃木県第1号として誕生した「道の駅もてぎ」は次のステージへ

水害の河川改修で生じた土地に栃木県第1号の「道の駅」が誕生

1996年に栃木県で第1号となる「道の駅もてぎ」が誕生して、今年で28年がたちました。今振り返ると「道の駅もてぎ」整備はシンボル的事業でした。現在「道の駅もてぎ」がある十石地区には、水害復旧の河川改修事業によって広大な土地が生まれました。町の玄関口にあたるこの土地の活用策として検討したのが、「道の駅」構想だったのです。それは、復興に向けた町の活力づくりと情報発信の拠点として必要な存在でした。

とはいえ、当時町の助役として「道の駅」構想を担当した私は「道の駅」というもののイメージが思い浮かばず、ドライブインのようなものかと思っていました。でも、「栃木県第一号ということならば、やってみよう」という阿部武史前町長の言葉もあり、挑戦してみることにしたのです。

「道の駅」は国土交通省最大のヒット商品最低限の決まりごと以外は自由に構想できた

まずコンサルタントに相談すると、初年度の入り込み想定数は年間20万人と伝えられましたが「まさか、そんなに人が来るのだろうか」と私は半信半疑でした。また、道の駅事業立ち上げに尽力された国土交通省の徳山日出男さん（当時）が「第1回道の駅サミット」の講演で「道の駅は地方都市に大きな影響を与え、いずれ全国1000駅になる」と言っておられましたが、みんな笑っていました。それから20年以上がたちましたが、現在道の駅は1200駅を超えています。徳山さんの言葉は正しかったと証明されましたね。

とはいえ、どのような「道の駅」にすればよいのか、最初は手探りでした。ただ、24時間利用できる駐車場やトイレ、道路情報コーナーなど必須機能を備えてさえいれば、それ以外は自由でした。そこで私たちはこの「道の駅」を水害復興のシンボルとして、町の活性化につなげようと思いました。そして、町の商

茂木町の西の玄関口に立地する「道の駅もてぎ」。今年で開業28年目を迎えた。

工会や農協、地域づくりに関わる女性グループなど各団体に協力をあおぎながら、徐々に必要な売り場や設備を拡充していきました。今や道の駅に欠かせない野菜の直売所も後からできたものです。

道の駅の売り上げを伸ばすことで雇用の場を生み、個人所得を増やす

2002年に私は町長となり、同時に「道の駅もてぎ」を運営する㈱もてぎプラザの代表取締役に就任しました。その頃社会はバブル崩壊以降の経済停滞が続いていて、私は地域経済をもっと回していかねばと強く感じていました。そこで、「道の駅もてぎ」においては「雇用の場づくり」と町民の「個人所得向上」を目的に、売上げを増やすことに取り組みました。

私は茂木町には売れるものがたくさんあると思っていました。とりわけ農産物は、農家のみなさんが自家用に作っている減農薬の野菜がある。それを少し分けて欲しいとお願いしました。また、新しい商品を開発する必要もありました。売上を増やしていくためには、どこにでも売っているものを出しても目に止まりません。それに、来るたびに同じ商品しかなければ「つまらない」と思われてしまうでしょう。すると、やはり自前で加工所を持つ必要がありました。そして、ゆずなどを使った加工品10品目が揃ったところで、加工所を立ち上げました。外注するという選択肢もありましたが民間と組むとロット数が大きくなり、在庫を抱えきれなくなる可能性もある。現場に負担をかけず、明日売れる分だけを作ればいいというスタンスでした。

加工品の原材料として仕入れているゆずやブルーベリーなどは、生産者の方から全量買い取りをしています。リスクを負って栽培している方々に対して、町も責任を負わなければなりませんから。また、冷蔵・冷凍施設があるとはいえ、早めに使わないと品質が劣化しますので生産計画・販売計画をきちんと立て生産を行なっています。

懸念しているのは、気候変動により今栽培できている作物が育たなくなることです。そのため、スイカやブドウ、サツマイモなど、温暖化に対応できる作物の栽培にも取り組んでいます。

茂木町長 **古口達也**

茂木町出身。中央大学法学部法律学科卒業後、家業の鮮魚店を継ぐとともに、商工会青年部で活躍する。また、「まちづくり推進委員会」の中心的メンバーとして、町にさまざまな提言をするなど民間の立場からまちづくりに貢献してきた。1991年7月から1996年11月まで茂木町助役を務め、2002年（平成14）7月に茂木町長に就任。現在６期目。また、2011年7月に全国町村会副会長に就任し、町村行政の円滑な運営と地方自治の振興発展に寄与。

道の駅が茂木町にもたらした変化と多様化する道の駅の役割とは

「道の駅もてぎ」があることで収入につながれば、農家さんをはじめ町民のみなさんにとって喜ばしいことだと思います。でも、大人だけでなく子どもたちにとっても、必要とされる存在でありたい。町の中学生にアンケートを実施したのですが、その中に「道の駅もてぎ」ができてよかったという声がありました。これは本当に嬉しかったです。

現在、道の駅の利用者は平日だと地元の方が6割、土・日曜日は地域外の方が多いです。中にはここで子どもを遊ばせたり、お食事をされる子育て中の人もいらっしゃるので、遊べるスペースや遊具も設置しました。また、高齢者福祉施設の方が利用者の皆さんを連れていらっしゃることもあります。さらに2013年には防災館を整備し、食糧備蓄もしています。このように、近年は福祉・教育・防災など多様な役割が道の駅に求められるようになっています。そして、地域外の方だけでなく、地域住民にも利用され、働く場であり、農産物などを提供する。そういう地域振興の場が「道の駅もてぎ」なのです。

茂木町の自然を活かした営みは循環型社会のロールモデルとなる

ここ数年、町長として悩ましいのが茂木町における人口減少の問題です。その対策として雇用の場の確保や移住・定住の促進に取り組んでいます。最初のステップとしてはまず来てもらうことが大切ですから、観光でもいいから茂木町に足を運んでいただければいい。「道の駅もてぎ」はそのためのハブ的役割を果たすと期待しています。

また、最近他の地域の方からよく言われるのが、茂木町の自然環境に対する評価です。「里山の景色がいい」とか「野菜がおいしい」「ホタルがいる」など我々が元々持っている自然環境や里山の営みが評価されています。そもそも茂木町では20年以上前から有機物リサイクルセンター「美土里館」(※1)を開設していますが、そこで生まれた「美土里たい肥」は「美土里農園」や地域の生産者が使い、収穫した野菜を「道の駅もてぎ」に出荷しています。

※1 P58参照

また、「茂木中学校」や「ふみの森もてぎ」(※2)建設事業に使った木材は町有林の木ですが、伐採と植林のサイクルによって循環利用し、間伐材や木クズは美土里館で利用されます。これらの取り組みは里山とともにある茂木町の営みの根幹で、その中心に「道の駅もてぎ」があるのです。驚くことに、今この取組みがSDGsといわれている。それが茂木町という地域であり、町の魅力にも繋がっているのではないでしょうか。これらの取組みはきっと次のステージに繋がっていくと思います。

これからの道の駅は商売の場だけでなく「発信の場」「気づきをもたらす場」へ

これまでは「道の駅もてぎ」に来て、いろいろなものを買っていただくだけでした。けれど、これからは売り買いだけでなく、地域再生や自然の再生、循環型社会について私たち地域住民が「発信していく場」にしていかなければならないと思っています。そのためには、道の駅の商品を手に取ったお客様に対して、その商品が茂木町にある背景や歴史を伝え、「気づき」を提供することが必要です。

「道の駅もてぎ」を運営する立場としては、会社組織としてきちんと経営していく、それも非常に大切なことです。そのためにも利益を出していかなければなりません。これまで、利益の1/4は不測の事態に備える内部留保、1/4は施設更新のための費用、1/4は地元の子どもたちなどに配るチケットなど社会貢献に、そして1/4は従業員への還元と言い続けてきました。これからも会社としてきちんと利益を出すとともに、町民に誇りに思ってもらえる道の駅であらねばと思っています。

「道の駅もてぎ」は開業から28年が経過し、施設も老朽化しています。また、時代に応じた顧客ニーズへの対応も求められていることから、道の駅リニューアル事業に取り組むことを決めました。新しい「道の駅もてぎ」にどうぞご期待ください。

(上) 有機リサイクルセンター美土里館。牛ふんや生ごみ、落ち葉、もみ殻などを発酵させて「美土里たい肥」を作る。(下) 農業体験施設「美土里農園」では観光いちご園の運営をはじめ、道の駅への野菜の供給や新規就農者の育成などを担う。

※2 P68参照

しあわせの、自給自足。

目次

※本書掲載の情報は、2024年9月末日時点のものです。

城山公園から茂木町中心市街地を望む。

第1章

「道の駅もてぎ」ができるまで

1986年8月の大水害で
壊滅的なダメージを負った茂木町。
「この町はどうなってしまうのだろう」。
町民の不安が渦巻く中
河川改修事業とともに町の顔となる
一大プロジェクトが進んでいく。

浸水した水が引き、泥まみれになった中心市街地で後片付けにあたる茂木町の人たち。炎天下の中、断水で水の確保もままならず、給水車が頼りだった。

大水害を経て新しいまちづくりへ

**茂木町を襲った328ミリの豪雨
人々の暮らしを破壊した大水害は
新たなまちづくりへの契機となった。**

あの日を忘れない 記憶に刻まれた恐怖の夜

1986年8月4日、茂木町では台風10号に伴う雨が朝から降り始めていた。雨は次第に激しさを増し、5日の午前1時から2時にかけて56ミリの降水量を記録。明け方までの2日間で総雨量328・5ミリに達した。茂木町の中心市街地を縦断する逆川は至る所で氾濫し、市街地のおよそ8割が水没した。中心市街地だけではない。郊外の田畑は水没、山間部では土砂崩れが多発して道路が寸断するなど、被害は茂木町全域に及んでいた。

しかも電話は不通、電気は停電、上水道も断水し、茂木町は完全に陸の孤島となってしまった。逃げ遅れた多くの住民たちは深夜の豪雨のため身動きがとれず、浸水した住まいで一晩中恐ろしさに震えていたという。

ようやく水が引くと炎天下で、泥まみれになった住宅や商店の復旧作業が始まった。ただし、泥を洗い流そうにも断水で水はなく、風呂で汗も流せないばかりか飲み水も給水車から得たわずかな水だけ。前日までは脅威だった「水」が今度は貴重な「命の水」となってしまったのだ。

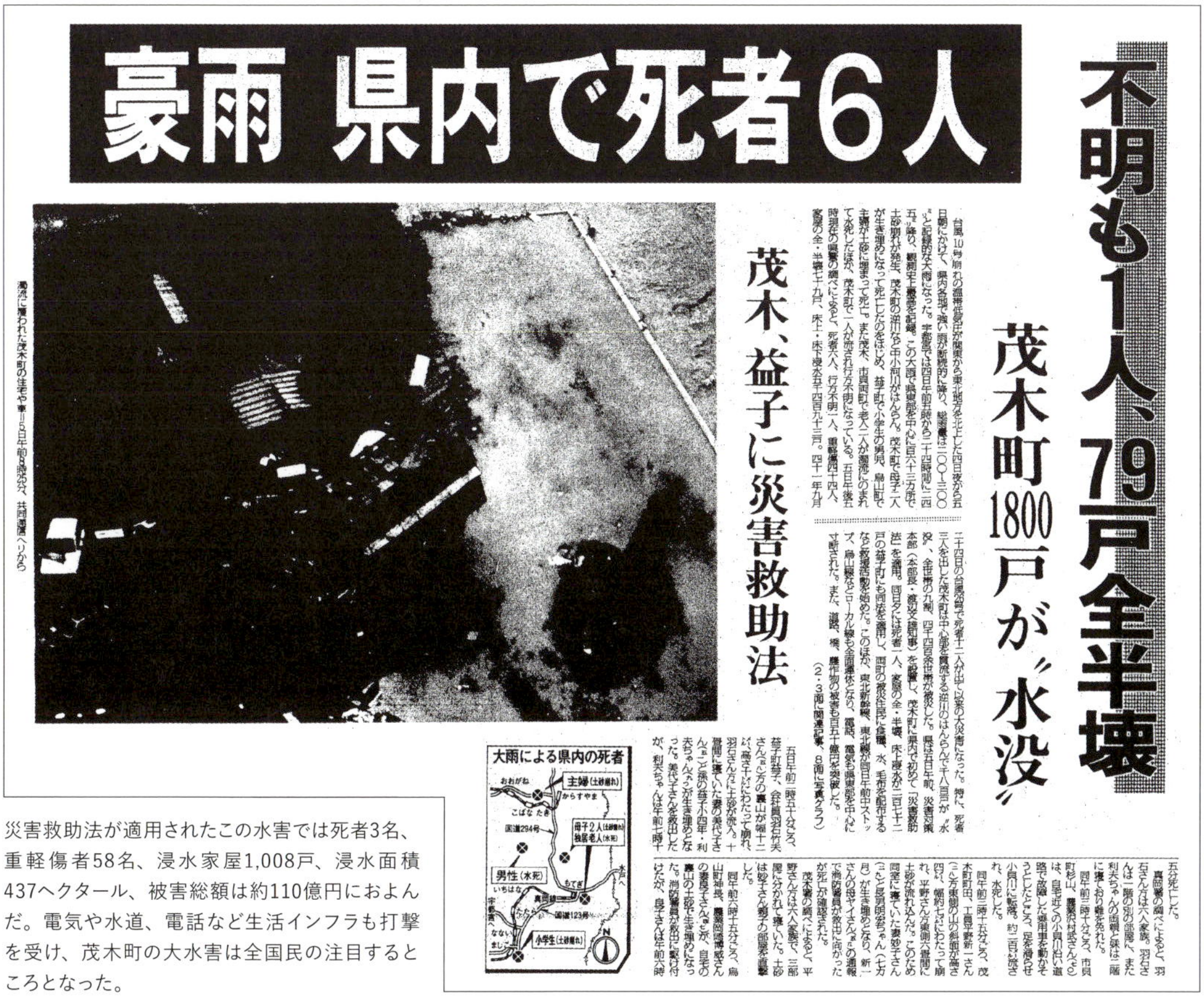
豪雨 県内で死者6人
不明も1人、79戸全半壊
茂木町1800戸が"水没"
茂木、益子に災害救助法
大雨による県内の死者

災害救助法が適用されたこの水害では死者3名、重軽傷者58名、浸水家屋1,008戸、浸水面積437ヘクタール、被害総額は約110億円におよんだ。電気や水道、電話など生活インフラも打撃を受け、茂木町の大水害は全国民の注目するところとなった。

河川改修をまちづくりの絶好の機会と捉える

当時町長として災害復旧の陣頭指揮にあたった阿部武史さんは、今後のまちづくりに危機感を抱いていた。

「再び水害が起きたら、人々はこの町を離れてしまう。河川改修はなんとしてでもやりとげる、と強く思いました」と振り返る。

盆地状の低地にある中心市街地は江戸時代以降、逆川の氾濫による水害の記録が数多く残っている。しかし、市街地ゆえに大規模な河川改修が見送られてきた結果、今回の大水害で壊滅的な被害を受けた。「もうこんな思いはしたくない、と多くの住民が感じている今こそ、水害に強い川にする絶好の機会でした。ただし、河川を拡幅するとなれば、川沿いで暮らす住民の多くが町を離れていく恐れもあります。そこで、河川改修と町の活性化の二面作戦を実施することにしました」。

茂木町役場入口

（上下）茂木町中心部の逆川近くにある茂木町役場も床上浸水し、さまざまな行政書類が水浸しになった。

町長就任後14日目に水害に見舞われたという阿部武史前町長。水害復旧の陣頭指揮にあたった

復旧への動きは早かった。今回の水害はその被害規模により国から局地激甚災害の適用を受け、国の補助制度により「逆川河川激甚災害対策特別緊急事業（通称：逆川激特事業）」として早急に改修工事が実施されることになった。総延長5・8キロにおよぶ河川改修の方法においてはさまざまな方法が検討され、3つの案が国から示された。ひとつはバイパス方式で河川を曲げる方法、2つめは上流部にダムを作る方法、3つめが現状の河川を拡幅する方法だ。そして、技術面や予算、定められた5年間の工期などを勘案し3つめの方法が採択された。

9月に入ると、逆川周辺の約500世帯に対する河川改修説明会が連日行われた。町職員は代替地の確保にあたり、移転者が町内にとどまれるよう最大限の補償と配慮を行なった。そして10月には一部工事がはじまった。

川を元気に、水を元気に 商を元気にするまちづくり

工事が進む中、町民と行政は一体となって復興に取り組んだ。それは「川を元気に」「水を元気に」「商を元気に」という3つのテーマが柱だった。5年後、逆川の改修工事が竣工すると川辺には憩いの空間が設けられ、新しく架けられた橋とともに町に新たな景観が生まれた。水辺の公園では吹奏楽コンサートや灯籠流しなどさまざまな催しが行われ、町民による逆川の水質浄化作戦も実施。商店主たちは河川沿いにショッピングセンターを整備した。町民にとってより身近になった逆川は「茂木町らしいまちづくり」に貢献し、1995年には国土庁（当時）から「水の郷」として認定された。そして、河川改修後十石地区に生じた広大な土地は茂木町活性化における情報発信基地として検討され、現在の「道の駅もてぎ」整備へと繋がっていくことになる。

（上）胸まで浸かるほどまで浸水した町内。（中）逆川の川幅を広げる工事が実施された。（下）河川改修後には水辺に憩いの空間が設けられ、吹奏楽のコンサートなどが実施された。

ホンダグループのホンダモビリティランド株式会社が運営する「モビリティリゾートもてぎ」。同種の施設は「鈴鹿サーキット」が知られる。640ヘクタールの敷地にはサーキット場やモーターアクティビティ、宿泊施設をはじめ、森林フィールドでは自然と親しめる各種体験やキャンプ施設などが揃っている。

里山での自然体験も魅力の モビリティリゾートもてぎ

約640ヘクタールの里山に「ツインリンクもてぎ」が誕生

水害の翌年、茂木町に大規模なモータースポーツ施設の誘致が県から打診された。その施設とは、国際的なレースが開催できるレーシングコースを持つ「ツインリンクもてぎ」(現・モビリティリゾートもてぎ)である。この施設はホンダグループのホンダモビリティランド株式会社が運営する。同社は水害の発生より以前から、東京に近い茂木町を候補地のひとつとして検討しており、茂木町の豊かな自然を生かしたいという意向があった。

町議会の同意を得て、茂木町はこの施設を受け入れることにした。阿部前町長は「これだけの規模の開発はもうないだろうと感じました。また、水害からの復興の象徴として、町の顔となる施設になるだろうとも思いました」と当時の心境を語る。そして1988年には「ツインリンクもてぎ開発構想」に着手。用地買収においては水害後に住民への

造成工事中の「モビリティリゾートもてぎ」(開業当時の名称は「ツインリンクもてぎ」)

森とサーキットを結ぶ雄大な景色を眺めながら、空中散歩が楽しめるスリル満点のアトラクション「ジップライン」

移転先確保に奔走した町職員らが協働し、6地区約400名の地権者に対する交渉を行なった。

モータースポーツだけでなく自然環境を活かした体験も

「ツインリンクもてぎ」開設にあたり、茂木町はこの施設が茂木町民に恩恵をもたらすことを期待した。ひとつは、単に自動車レースの楽しさを提供するだけでなく、交通安全教育を実践できる場として活用できること。そして、ホンダという世界的企業が茂木町に根付くことにより、子どもたちが郷土に誇りを持てるのではないかという期待だった。

こうして1997年に「ツインリンクもてぎ」がオープン。サーキットには県外からも多くの人が訪れ、モータースポーツの聖地としての存在感を発揮している。さらに花火の祭典が開催され、子どもも楽しめるアトラクションや安全運転スクールも兼ね備えている。そして、注目したいのが敷地内の里山を整備した自然体験フィールド「ハローウッズ」だ。この森林ゾーンでは散策やウッドクラフト、アスレチックなどさまざまなアクティビティが充実しており、星空の下でキャンプやグランピングも楽しめるとあって都市部のファミリー層にも人気が高い。世界的に自然環境への関心が高まる現在、茂木町の「里山」という資源を活かした施設だといえるだろう。そして2022年に開業25周年を迎えた同社は施設名称を「モビリティリゾートもてぎ」に改称。自然環境と人、モビリティの実体験を通じて新たな価値の創造に取り組んでいる。

町との包括連携協定によって地域振興を担う一員に

2022年、茂木町と同社は包括連携協定を締結した。その内容は、これまで以上に相互が

夏にはレーシングコースを会場に花火の祭典も行われている。目の前で打ち上がる花火は大迫力だ。

緊密に連携し、持続可能な地域の発展と地方創生に向けた取り組みを目的とするもので、「子どもたちが健やかに育つまちづくり」、「防災・災害対策」、「スポーツ振興」、「観光振興」、「環境保全」など6つの項目に関する連携協定が交わされた。

この協定の背景にあるのは、2011年に発生した東日本大震災だった。発災当時はガソリンが手に入りにくい状況だったが、ガソリンスタンドを所有していた「ツインリンクもてぎ」は、町の緊急車輌や公用車のためにガソリンを供与した。さらに同社の鈴鹿サーキットからは、飲料水の支援も行なわれたという。今後も地域の持続可能な発展を目指してお互いに手を取り合い、より一層強力なパートナーシップを築こうとしている。

（上）年間を通じてさまざまなレースやトライアルイベントが行われている。
（下）星空の下でのキャンプやグランピングはファミリー層にも大人気だ。

第2章

「道の駅もてぎ」誕生

上の写真は1964年に撮影された十石地区。画面中央を流れる逆川は、水害後の河川改修事業により流路を付け替えられ、その跡地に「道の駅もてぎ」が誕生した。下の写真は2021年の同じ場所で撮影。

水害からの河川改修事業によって
十石地区に生まれた広大な土地。
ここに、栃木県第1号となる「道の駅」が誕生した。
道の駅の担い手は茂木町の住民たち。
地域の農業資源を活かした
売り場づくり・商品づくりにみんなが奮闘した。

町の活性化のシンボル

「道の駅もてぎ」誕生

**水害復旧の河川改修で生まれた広大な土地に
もてぎの情報発信基地として誕生し
六次産業化の拠点としても活躍。**

1996年4月16日、茂木町の十石地区に栃木県第1号となる道の駅が誕生、7月13日から供用が開始された。その年は当初の予想を遥かに超え、30万人超の人たちが訪れた。以来入り込み数は年々増え続け、令和4年度には150万人を超える人が訪れるとともに、年間売り上げも9億5千万円を突破。町の特産物「ゆず」を使用した「ゆず塩ラーメン」や、「おとめミルク」アイスなど名物グルメも誕生し、現在も「道の駅もてぎ」は人気の道の駅として君臨している。

今や道路利用者のための施設という役割を超え、地域の魅力を伝える場となった「道の駅もてぎ」。しかし、そこには町の切実な事情があった。近年人口減少が進む茂木町は、1986年の水害により町が壊滅的被害を受け、定住対策と町の復興が急務だった。「活気のある町を取り戻したい」。そう願う町民たちの思いを受け、町は河川改修により生じた十石地区の広大な土地に「道の駅」を置いて町の情報発信拠点とし、定住促進にも繋げるため決意を固めた。

六次産業化を進めるべく 自前の加工所も開設

とはいえ、当時はまだ道の駅の黎明期。売場づくりにおいては手探りだった。そこで、商工

1.水害後の逆川河川改修によって生まれた土地に建設された「道の駅もてぎ」。十石河川公園には親水スペースもあり、春には桜並木を散策する人も訪れる憩いの場だ。 2.もてぎの新鮮な野菜や美味しい食が揃う。町民をはじめ、町外からの利用者も多い。 3.道の駅西側の花壇付近。春には「こいのぼり」、夏には「鮎のぼり」が風を受けてたなびいている。

会や農協、女性団体など地域の各団体に声をかけて自由に提案してもらい、徐々に新たな売り場を増やしていった。そして、1999年には阿部武史前町長を代表取締役とする第3セクター、株式会社もてぎプラザが管理運営を受託すると、町内産の「ゆず」などを使った加工食品の開発にも力を入れ始め、2012年に茂木町特産品加工所（通称：手づくり工房）を開設。常に新商品の開発に取り組んでいる。こうした積極的な取り組みが評価され、地域活性化への寄与が認められた道の駅として2015年「全国モデル道の駅」に認定。2018年には第5回「ディスカバー農山漁村《むら》の宝」グランプリを受賞した。

道の駅をハブとして農業振興にも取り組む

道の駅を核とした6次産業化もさらに推し進めた。町内産のコシヒカリ100パーセントの米粉と、企業誘致により整備された地域の大型鶏卵場の卵を使ったバウムクーヘンを開発し、2016年から「バウム工房ゆずの木」で生産を開始。独自の食感が人気を呼び、一時は生産が追いつかないほどに。さらに同年㈱もてぎプラザと茂木町、地元農業者の出資により農事組合法人美土里農園を設立。時間制で摘み取りができる観光いちご園の運営をはじめ、自社直売や通販、道の駅への野菜の供給、新規就農者の育成などを担っている。これらの取り組みの核であり、ハブ的な役割を果たす「道の駅もてぎ」は、地域振興の拠点として町民たちに必要とされる存在へと発展した。

1 おみやげ けやき(欅)
木の温もりに包まれた土産処。茂木町産のお土産から栃木県産の魅力的な商品まで、種類豊富に取り扱う。「もてぎ手づくり工房」のオリジナル商品が大人気。

2 十石《じゅっこく》屋《や》
人気の「ゆず塩ら～めん」をはじめ、地元の老舗店と共同開発した特製の生麺や味噌などを使った、茂木町ならではの味わいを楽しめるご当地ラーメンを販売。

もてぎの魅力が集結した「道の駅もてぎ」の施設を紹介

開業から28年。新鮮で質の高い野菜や加工食品、飲食店など売り場も次々に拡充し、地域内外の人で賑わう道の駅へと発展した。

営業時間		冬(10～3月)	夏(4～9月)	GW・お盆
バウム工房ゆずの木	ショップ	9:00～17:30	9:00～18:00(土日祝18:30まで)	8:30～
	カフェ	9:00～17:00	9:00～17:30	
	観光案内窓口	9:00～18:00	9:00～18:30(土日祝19:00まで)	
おみやげ けやき・十石屋		9:00～18:00	9:00～18:30(土日祝19:00まで)	けやき8:30～
レストラン桔梗		11:00～15:00(土日祝10:00～16:00)		
つけ汁うどん店		11:00～14:00(土日祝10:00～15:00)		
野菜直売所		8:00～17:00		お盆のみ7:30～
手づくりアイス富次郎	平日	9:30～17:00	9:30～18:00	アイス9:00～
	土日	9:30～17:30	9:30～18:30	

栃木県芳賀郡茂木町大字茂木1090-1
㊡第1・3火曜日(十石屋・おみやげ けやきは営業)　Ⓟ340台
☎0285-63-5671　https://www.motegiplaza.com

道の駅もてぎMAP

⑪ 旧古田土雅堂《こだとがどう》邸
茂木町出身の画家・古田土雅堂氏が、アメリカから帰国する際に輸入した木材を使い、当時は珍しかったツーバイフォー工法で建てた住宅を移築・展示。土・日・祝のみ見学可

⑦ レストラン 桔梗
茂木産のそば粉を使用した本格手打ちそばと、茂木産のもち米を使用したわっぱ飯が大好評。土・日曜は店内からSLを眺めながら、食事を楽しむことができる。

③ たい焼き・たこ焼き 富次郎
ふわふわの生地に、北海道十勝産「エリモ」を使った餡がたっぷり入ったたい焼きや、外はカリカリ中はトロトロ食感のたこ焼きは、誰もが夢中になる味わい。

⑫ 十石《じゅっこく》河川公園
逆川沿いに花壇をあしらい、里山と逆川ののどかな風景が楽しめる憩いの河川公園。SLをモチーフにした大型遊具に登れば、公園沿いを走り抜けるSLを眺められると大人気。

⑧ バウム工房 ゆずの木
焼きたてのバウムクーヘンの香りが広がる、木目を基調とした洋菓子工房。米粉のロールケーキなど、手づくりスイーツの販売やカフェスペースも併設している。

④ 手づくりアイスコーナー
「おとめミルクアイス」などいちごやゆず、ブルーベリーなど地元食材を使った、季節感あふれるオリジナルアイスが人気。イベント時は限定パフェ等も登場。

⑬ イベント広場
「道の駅もてぎ」の東側にある広場では、花火大会やグルメまつりなどイベントも開催。彫刻家 流政之氏作のSUKIDAPPE像がある。

⑨ 観光案内窓口
「バウム工房 ゆずの木」内に併設された総合案内所。茂木町の自然や史跡、レジャー、町内イベントなどさまざまな情報やパンフレットなどの資料を提供。

⑤ 手づくり惣菜・菓子
地元産の食材をふんだんに使った手づくり惣菜は、家庭的でヘルシー。栄養バランス抜群のお弁当や、素朴な味わいのお菓子などバラエティ豊かな商品が並ぶ。

⑭ つけ汁うどん店
もちもちとした食感が特徴的な、栃木県産のもち麦を配合したうどんを提供。栃木県産のブランド豚「さくらポーク」を使った肉汁うどんは、うまみがたっぷり。

⑩ 茂木町防災館
太陽光発電システムを使った照明や非常用電源、物資保管倉庫を備えた町の防災施設。授乳室も完備しており、休憩所として誰でも気軽に利用することができる。

⑥ 野菜直売所
有機質堆肥（美土里たい肥）を使用した地元産の採れたて新鮮野菜やくだもの、山菜、加工品を販売。生産者の情報を記載しているので、安心して購入できると好評。

「道の駅もてぎ」の特色

01 甘みたっぷり！ 茂木産完熟「とちおとめ」 おとめミルクアイス

茂木産完熟「とちおとめ」のアイスは、
自然な甘さと果実感あふれる味わいが人気。
「道の駅もてぎ」の看板商品となっている。

いちごが旬の12月～5月頃までの期間限定販売。『米粉バウムクーヘン』とコラボした『おとめバウムアイス』もおすすめ。

大粒で甘みと酸味のバランスが良く、果肉がしっかりしている「とちおとめ」。「道の駅もてぎ」では、地元のいちご農家が丹誠込めて育て上げた「とちおとめ」を使ったオリジナルアイスが大人気。看板商品として、多くの人々に愛されている。

　もとは「道の駅もてぎ」で休憩をしていた、観光バスの添乗員さんをもてなす一品だった「おとめミルクアイス」。商品化の実現は「ここに来る楽しみになる」という、評判の声がきっかけとなったそうだ。

喜んでもらいたい心を新鮮な味わいに込めて

　アイスクリームは甘みだけでなく、酸味もおいしさの要素とされている。ほどよく甘酸っぱい「とちおとめ」は、おいしいアイスクリームをつくるのに最適な素材だった。「道の駅もてぎ」では、摘みたての完熟「とちおとめ」だけを使用。さらにフレッシュな香りと果実感を楽しめるよう、注文ごとにスタッフが手際よくいちごをつぶし、八溝山系で育った牛の新鮮な牛乳を使ったミルクアイスに混ぜ、つくりたてを提供している。

　スタッフのなかには、あまりの人気ぶりに腱鞘炎になってしまうほど、つくり続けた経験がある人も。みずみずしい香りとともに、生いちごの自然な甘さが口に広がったあとの、さっぱりとした後味。豊かな自然の恵みと〝おもてなし〟の心から生まれたアイスは、並んでも食べたい魅力にあふれている。

1

2

3

4

1.注文を受けてから調理開始。まずは朝採りの茂木産完熟「とちおとめ」のジューシーさを損なわないよう、ほどよく専用ヘラで潰す。2.甘さ控えめのミルクアイスにいちごを加えて、さらに混ぜる。3.ヘラを使い、素早くコーンに盛り付ける。高い山型にしていくのはまさに職人技。4.できたてをお客さんのもとへ。スタッフも思わず笑顔に。

たくさんの笑顔を見ることが私たちの大きな幸せ

手づくりアイスコーナー
「おとめミルクアイス」製造者
永嶋 美穂さん

どんなに忙しくても笑顔を絶やさない姿が印象的。

「道の駅に来たら必ず食べる」と言ってくださるリピーターさんがいらっしゃるほど、人気のある当店自慢の『おとめミルクアイス』。これまで1日に最高1,000個以上、1ヶ月に最高18,000個以上売り上げた経験もあります。目の前でおいしそうに召し上がってくれる皆さんの姿を見るのが、私たちの何よりの幸せです。これからもたくさんの方々に、茂木ならではのおいしさをお届けしたいです。

「道の駅もてぎ」の特色

02

味の決め手は地元のゆずと新鮮野菜

ゆず塩ら〜めん

「道－1グランプリ」初の殿堂入り以来、
全国から注目されるようになった一杯。
茂木産ゆずの魅力満載の味わいは唯一無二。

ゆず独特のさわやかな香りと風味をしっかりと楽しめる。自宅でもいつでも気軽に食べられる、お土産版も好評販売中だ。

全国の道の駅グルメ決定戦「道−1グランプリ」のフード部門で、第1回大会から3年連続でグランプリに輝き、殿堂入りメニューに認定された「ゆず塩ら〜めん」。茂木町の特産品のひとつであるゆずを、たくさんの方に知ってもらいたいという想いから開発された一杯である。

「もてぎ手づくり工房」でつくられた「ゆずしお」をはじめ、茂木産のゆずをふんだんに使い、ほどよい酸味と塩味に仕上げたスープ。食べる直前に「もてぎのゆず酢」を加えれば、ゆずの風味と香りがさらにアップ。この自慢のスープによく絡むのは、地元の老舗製麺所「大兼製麺」と共同で開発した、のどごしのいい多加水麺だ。チャーシューなどの肉類を入れずに、地元産の旬野菜のみという、なんとも潔いトッピングは、男性でも食べ応え抜群と大評判。「ゆず塩ら〜めん」を目当てに、平日でも長蛇の列ができ、週末には1日に300杯もの注文が入るほどの人気ぶりも納得の味わいだ。

みんなの想いが かたちになった一杯

開発当時は、こってり系ラーメンの大ブーム期。スタッフは、時代に逆行するように、あっさり味のラーメンで勝負にでた。数えきれないほどの試作を重ね、ここでしか味わえないラーメンをつくりたいというスタッフの情熱に賛同した、周囲の協力によって遂に実現。最後の一口までスープを飲み干すお客さんの満足げな表情こそ、皆さんが目指す一杯が完成した証なのだ。

1.オープンキッチンスタイルでラーメンを提供。北上さんを中心に息のあったスタッフが店を切り盛りする。2.細めの多加水麺のため、麺がのびないように茹で上げるのがポイント。 3.たっぷりの野菜もラーメンの出来上がりに合わせて、一杯ずつ、絶妙なタイミングで茹でる。 4.盛り付けの最後に、自家製ゆずペーストを添えて風味をプラス。

ゆずの香りと風味を存分に活かした珍しいご当地ラーメン

十石屋「ゆず塩ら〜めん」
開発者 **北上 誠**さん

「ゆず塩ら〜めん」の魅力は、ゆずならではの清涼感と香りです。「ゆずしお」のほか、手絞りしたゆず果汁とゆず皮を使用。ゆずを入れすぎると苦みがでて、少しにしてしまうと今度は香りがでない。スープとのバランスをとるのに、試行錯誤の連続でした。ゼロから携わったこのラーメンは、まさに自分の子どものような存在。質を落とさぬよう、これからも進化を遂げていきたいです。

元日本料理人の感性がいきたラーメンは繊細な味わい。

「道の駅もてぎ」の特色

03 茂木産コシヒカリの「生の米粉」を使用 バウムクーヘン

茂木産コシヒカリを100%使用した「バウム工房ゆずの木」のバウムクーヘン。「生の米粉」からつくる味わいは格別だ。

米粉本来の味を楽しめるソフトタイプや異なる食感が魅力のハードタイプ、茂木産ゆずをぜいたくに使用したプレミアムを製造。

「道の駅もてぎ」の開業20周年を迎えるにあたり、今まで以上に茂木町の魅力を伝える商品として開発された、米粉の「バウムクーヘン」。通常ならば小麦粉で作る洋菓子も、米粉を用いるとなると、理想とする味わいに仕上げるのは、実に至難の業。開発担当となったスタッフたちは、皆さんに喜んでもらいたい一心で、洋菓子の名店が集まる神戸で技術を習得。「今までにないものをつくる」というプレッシャーと格闘しながらも、誰もが安心して食べられるグルテンフリーの米粉100%のバウムクーヘンを生み出した。

想いをつなぐ まあるいバウムクーヘン

茂木産コシヒカリや地元産の生みたての卵を使った、米粉のバウムクーヘンは、芳醇な米の香りとしっとりとした食感が魅力。そのおいしさが評判となり、開店間もなくして完売となる日が続き、瞬く間に「幻のバウムクーヘン」と呼ばれるほどの人気商品に。懸命になって作業に取り組むスタッフの姿をみて、地元住民が栄養ドリンクを差し入れてくれたこともあったそうだ。ラインナップも増えた現在は、新設された第2工場でもバウムクーヘンを製造している。研究と努力を重ね、茂木産米のおいしさを存分に感じられる逸品に仕上げられた、まんまる型のバウムクーヘンは、地元生産者と消費者をひとつにつなぐ〝しあわせの年輪〟として、ますます大きく成長してくはずだ。

1.小麦粉で作るバウムクーヘンよりも水分量を多く含むため、焼成が難しい米粉のバウムクーヘン。 2.やわらかな生地のため、寝かせてからカット。一つ一つ手作業で行われる。 3.茂木町の風景をモチーフにしたかわいらしいデザインのパッケージ。お土産やギフトに好評。 4.木目を基調とした温かみのある雰囲気の「バウム工房ゆずの木」の店内。

手探りではじめた米粉の菓子づくりも「おいしい!」の言葉を聞きたいから

バウム工房ゆずの木
「バウムクーヘン」開発者
岩崎 美穂子さん

私たちが目指したのは、小麦粉に慣れてしまった日本人の味覚に対して、米粉のおいしさを伝えられるバウムクーヘンでした。当時は、まだ米粉のお菓子を製造しているお店も少なく、生の状態を原料に用いることは未知の世界そのもの。失敗の連続でも周囲の皆さんが励ましてくれて、やっとの思いで完成することができました。多くの人に喜んでもらえて、今までの努力が報われたと思います。

今も変わらず感謝の気持ちを大切にしている岩崎さん。

「道の駅もてぎ」の特色

04

もてぎの米粉ロール

ふわっふわの食感が魅力

自家製粉した「生の米粉」を使い、軽やかな食感に仕上げたオリジナルロールケーキは手づくりの温かみも、おいしさの秘密のひとつ。

季節限定となる茂木産完熟いちごや、濃厚なチョコレート味の米粉のロールケーキ。米粉でつくる生地とクリームが絶妙。

「バウム工房ゆずの木」の一角で販売されている「もてぎの米粉ロール」は、茂木産コシヒカリ100％を自家製粉した「生の米粉」を使用し、しっとりとしてふわふわの生地が魅力。甘さひかえめのクリームに茂木町の特産品のいちごやゆず、上質なチョコレートを合わせたオリジナルロールケーキは、米粉のバウムクーヘン同様、同店の人気商品となっている。

「もてぎの米粉ロール」を製造しているのは「道の駅もてぎ」から、車で10分ほどの里山地域にある「もてぎ手づくり工房」。この工房では茂木町の特産品を使った、さまざまな加工品をスタッフが担当ごとに製造している。工房内に設けられた作業室で、クリームたっぷりのスポンジ生地を手際よく巻き、ひとつずつ手切りするスタッフも、はじめは全くの素人だったそう。プロでも難しいといわれる「生の米粉」でつくるロールケーキを、素材の味を活かし、納得のいく1本に仕上げるには、実に数か月もの特訓を要したという。

「おいしい」を作る スタッフの確かな五感

材料の計量や製造手順の正確性はもちろん、何よりスタッフが大切にしているのは、風味や食感といった「感覚」の部分である。スタッフの五感を存分に発揮し、茂木町が誇るコシヒカリのおいしさを、地元住民には再発見、観光客には新感覚として喜びをもたらすスイーツは、もう立派な町の名菓といえよう。

1

2

3

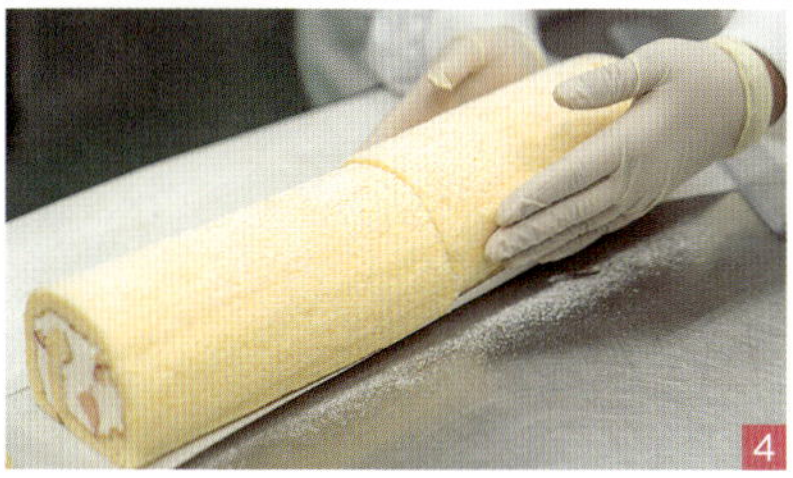

4

1.いちごやチョコレートのほか、香り高い茂木産ゆずを使ったロールケーキも人気。1本売りのほか1/3サイズ（写真）も用意。 2.気温などによって、生クリームの固さを調整。生地とのバランスを大切にしている。 3.調理工程のなかでも生地焼きは最も気を遣う大変な作業。焼き上がりを厳しく確認。 4.やわらかな生地のため、手切りでの作業も慎重。

「茂木町のお米はおいしい！」その魅力を伝えたくて

「もてぎの米粉ロール」開発担当者
堀口 久美子さん

茂木町産のコシヒカリのおいしさを、誰もが楽しんでもらえるスイーツとして提供したいと動き出したときに、まさか自分がそこに携わるとは思ってもみませんでした。お菓子づくりは全く初めてでしたし「生の米粉」は、扱い方も難しい。でも「食の楽しみを茂木町から伝えるんだ！」という想いが、原動力になりました。現在は新作を考案中。これからも新たな味わいで皆さんを喜ばせたいです。

地域活性化の担い手としての想いにあふれる堀口さん。

「道の駅もてぎ」の特色

05 茂木のゆずは“町の活力の象徴”
ゆず加工品

茂木産のゆずを余すことなく活用した
種類豊富な加工品は、ゆずの
新たな可能性が秘められている。

ドレッシングやシロップなど、ゆずを使った加工品の数々。香りや風味を活かし、手づくりされている。

塩だれ、ドレッシング、ジャムなど茂木町の特産品であるゆずを使った、さまざまな加工品は「おみやげけやき（欅）」の人気商品。地元住民にとって、今では身近な果樹となったゆずの新たな魅力を楽しめる品々だ。

　遊休農地対策により、栽培が進んだゆずによる町おこし（※1）を始めた茂木町。町の北東部に位置する山内地区を皮切りに、現在は7か所の山間地域でゆず栽培が行われている。

　昼夜の寒暖差によって、皮が肉厚に生長する茂木産のゆずは、濃厚で芳醇な香りが特徴。生産者たちは、果汁から皮までゆずを丸ごと1個安心して使えるようにと、低農薬栽培を実践し、害虫駆除や摘み取りにおいても、手作業で行っているそうだ。

手から手へ未来をつなぐ香りのバトン

　こうして栽培された茂木産ゆずは「もてぎ手づくり工房」へ。ゆずの特徴を活かしながら、塩や香味野菜を使い、料理や素材の味わいを引き立たせる、香り豊かな調味料などに加工される。もちろん、工房でもスタッフの手作業が基本だ。商品の種類が多い分、それぞれに適したカット法や調理法を見出すまで、相当な時間を要したに違いない。

　町のこれからを思い、手から手へ。このさわやかなゆずの香りは、作り手と消費者のつなぐ未来のバトンとして、食卓に彩りをあたえてくれることだろう。

※1 P40参照

1.茂木産ゆずの果汁をたっぷりと使用。香りや風味を損なわないよう、手早く作業する。 2.ゆずのさわやかな香りが作業室いっぱいに広がる。 3.加工からラベリングまで、すべての工程が手作業で行われる。 4.ゆずをモチーフにデザインした、オリジナルラベル。茂木町のマスコットキャラクターである「ゆずも」も、ラベルに登場。

調味料からシロップ、お茶まで ゆずの魅力をこの町から

ゆず加工品開発担当者
古内 景子さん

通常業務をこなしながら新商品の開発にも力を注ぐ。

　地元住民にとって身近な存在のゆずを使い、町のPRはもちろん新しい楽しみ方を提供できるのではと、この「もてぎ手づくり工房」で開発を担当することに。果実から皮まですべて使えるゆずは、可能性の塊そのもので、前々からものづくりが好きな私の好奇心にいい刺激となり、理想とする商品の完成までの工程も、やりがいを感じています。これからも自慢のゆずで町を盛り上げていきたいです。

ドレッシングや純正油など
普段の料理に手軽に使える
加工品を手づくり。まさに
“オールもてぎ”の商品。

「道の駅もてぎ」の特色

06

栄養価の高い話題の健康食品
えごま加工品

茂木産えごまだけを、
搾油施設で手間ひまかけて加工。
栽培から加工まで、
すべてはお客様のために。

認知症や生活習慣病などの予防に効果があるαリノレン酸や美肌や花粉症対策に最適なロズマリン酸、体内の免疫力を高めるβカロテンなど、高い栄養価のあるえごま。「おみやげ けやき(欅)」では、えごま加工品がメディアに取り上げられると、すぐに品切れになったこともあるほどの健康食材として注目されている。

茂木町産のえごまだけを使っていて「もてぎ手づくり工房」にて、えごま加工専門の担当者が、じっくりと時間をかけて手づくりしている。

栽培から加工まで町が一貫して行い品質維持

もともとは、遊休農地対策の一環として始まった茂木町のえごま栽培。現在、60軒ほどの農家によって生産される茂木町産のえごまは約3トン。このえごまをすべて「道の駅もてぎ」が買い取り、「もてぎ手づくり工房」で商品化する一連の流れを実現している。実も葉も、余すことなく安心して食べられるようにと、無農薬で栽培される茂木町産えごまは、除草や防虫作業も、当然、人の手で行われる。

手間ひま惜しまず、ていねいに作業に取り組む農家たちの地道な努力によって、高品質のえごまが生産される茂木町。工房のスタッフも、一粒のえごまも無駄にしないよう作業に励む。こうして、たくさんの想いがつながり、黄金色に輝く元気の源がつくられていく。それはまるで、明日へのお守りのようだ。

1

2

3

4

1.不純物を取り除いたえごまを、工房の敷地内にあるハウス内でしっかりと乾燥させる。 2.乾燥が済んだえごまを搾油機に投入し、600キロの力で圧縮。 3.1回6キロのえごまから2キロの油が抽出される。絞りカスは粉末状に加工して販売。 4.黄金色に輝く純正生絞りのえごま油。ナッツのような香ばしさと、さらっとした口あたりが特徴。

一粒の種に込められた思いを一滴の輝きにするために

えごま加工品加工者
大森 誠一さん

遊休農地対策として町議会議員さんたちが県外の研修先で、えごまに出合い、種を持ち帰り育ててみたのがきっかけで栽培が広がり、今では、茂木町の特産品のひとつになったえごま。町の未来を思ってくれた先人たちや、生産農家さんたちに感謝しながら、搾油までいくつもある工程をきちんと行うことを、私の使命としています。えごまの加工品を通して、皆さんの健康づくりを応援したいです。

完成品を手に大森さんは最高の笑顔を見せてくれた。

(上)「何も分からないまま始まった」という工房のスタッフも今は茂木町の“おいしい”をつくるプロ。製造だけでなく開発も担う。

「道の駅もてぎ」の特色

07

地元の〝おいしい〟を、人の手で

もてぎ手づくり工房

里山にたたずむ工房で生み出す、さまざまな加工品は地元を愛す人たちだからこそできる、茂木町の〝宝物〟。

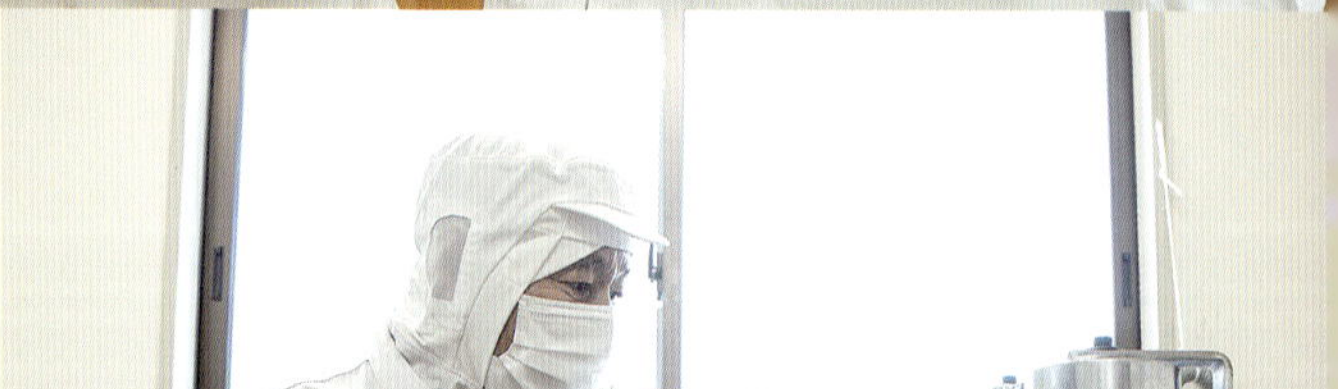

(右上)専用の加工室で、えごまの搾油作業を行う。真剣な眼差しで作業に取り組む姿に熱意を感じる。(右下)ひとつひとつの作業をおろそかにせず、ていねいに「身体に優しいものづくり」を実践。

緑豊かな山々に囲まれた里山地帯に、2012年「茂木町特産品加工所」として誕生した「もてぎ手づくり工房」。この加工所は、町が整備し「道の駅もてぎ」が運営を担当。茂木町の特産品を使用した、こだわりのオリジナル商品の開発と製造を行うとともに、町内の雇用促進と6次産業化への取り組みを目的とした施設となっている。

工房では「手づくり・無添加・地場産品」というコンセプトのもと、地元の特産品であるゆずやいちご、えごまなどそれぞれの素材の特徴を活かして、ジャムやドレッシング、菓子などに加工。地元住民から観光客まで多くの人に、茂木町ならではの〝おいしさ〟を届けている。

この町への想いを手づくりでかたちにしたい

「経験も知識もない。そんな自分たちが、まさかこんな風になるとは思わなかった」と、笑う工房のスタッフたちも、今ではすっかり、茂木町産の農産物の魅力をかたちにしてくれる、食のプロフェッショナル。担当する加工部門の研修を経て、協力しあいながら、これまで数々の人気商品を開発。大量生産のための機械化はせず、40種類を超えるオリジナル商品を、現在もスタッフが手間ひまかけて手作業で少量生産しているのも「無添加の安心・安全な商品づくりを、自分たちの手で」という想いからである。町を愛し、自分たちの仕事に誇りをもち、人を想って商品をつくる。「道の駅もてぎ」に並ぶ商品には、スタッフの手仕事ならではの格別なおいしさが込められている。

里山風景が広がる千本地区の中学校跡地に「6次産業化」拠点施設として誕生した「もてぎ手づくり工房」。

「この工房での作業が、新しい生きがいになった」と、口をそろえてうれしそうに話す。

工房で完成した商品は担当者がすぐに「道の駅もてぎ」へ納品。つくりたてのおいしさを届けられる。

「道の駅もてぎ」の「おみやげ けやき（欅）」には、「もてぎ手づくり工房」で加工されたさまざまな商品が並ぶ。かわいいパッケージデザインも魅力で、お土産として買い求める人も多く、ギフトセットも好評だ。

もてぎのおいしい農産物

01

真っ赤に完熟！ 果汁あふれる

いちご

「道の駅もてぎ」に並ぶいちごはすべて完熟。

「自分で食べておいしいものを作りたい」

そんな想いを込めた真摯ないちご栽培。

関 光春さん

かつていちご栽培には不向きと言われた茂木町で、いちご栽培に果敢に挑戦。チャレンジ精神で試行錯誤を重ね、今は「とちおとめ」「とちあいか」を栽培。

いちごの生産量日本一の栃木県。茂木町でも多くの生産者が良質ないちご作りに励んでいる。「道の駅もてぎ」にはシーズンになると多くの人が詰めかけ、次々といちごを買い求めていく光景が見られる。生産者のひとり、関光春さんは「毎朝完熟した一番良い状態のいちごしか出荷しない」という。「道の駅もてぎ」に並ぶいちごには、茂木町のいちご栽培の先駆けである関さんのポリシーが色濃く反映されている。関さんがいちご栽培を始めたのは約30年前。栃木県が誇る品種「とちおとめ」が誕生した年だ。冬の寒さが厳しい茂木町でのいちご栽培は難しいと言われた当時、いちご農家は数えるほどしかいなかった。しかし、関さんは持ち前の明るさと根性で勉強し、試行錯誤を重ねて誰もが認める絶品のいちごづくりに成功。一躍「道の駅もてぎ」の人気商品になり、ふるさと納税の返礼品にも選出。ほかの生産者とともに、「道の駅もてぎ」の大人気アイス「おとめミルク」用にもいちごを提供する。

いちごにも人にも。愛情が育む極上の味

「美土里たい肥」や竹紛を使うなど土づくりにも余念はない関さんだが「ほどよく適当に、臨機応変に。これまでの知識と経験を生かして、コンピューターならぬ〝勘ピューター〟で育てています」と豪快に笑う。常に新しいことに挑戦し、失敗を恐れずに前に進む関さんの魅力的な人柄が、いちごの味にも表れている。若手生産者が来れば惜しみなく助言を与える。茂木のいちご栽培を支える頼れる大先輩だ。

「植物が命をつなぐ途中を人間がいただいている」そんな関さんの言葉には、いちごへの深い愛情がにじむ。茂木のいちごを食べることは、関さんの情熱と茂木の自然の恵みをいただくことでもあるのだろう。

1 2
3

1. 毎朝完熟した一番良い状態のいちごのみを厳選して収穫。水耕栽培も増えているが、「手間はかかるが土耕栽培のいちごのほうがおいしい」と関さんは土耕栽培にこだわる。 2.「道の駅もてぎ」にいちごを出荷して27年目。関さんは茂木のいちご栽培のパイオニアの一人。 3. 真っ赤に完熟したいちご。関さんは「とちおとめ」「とちあいか」の2品種を栽培している。

4/5. 完熟いちごはとてもやわらかく繊細で、傷つきやすい。ほかの果物のように機械選別が難しいため、ひとつひとつ手で選別し、ていねいにパッキングしていく。大変な作業だが、いちごを心待ちにするファンのために、関さん夫妻はひたすら作業に没頭する。

4 5

もてぎのおいしい農産物

02

地域を元気にする黄色い宝石
ゆず

今や茂木を代表する特産品・ゆず。地域づくりに貢献した「ゆずの里」構想が今の茂木の特産品を作り上げた。

石河 福三朗さん
茂木町山内元古沢地区で、「ゆずの里」立ち上げから現在まで、“ゆずの里のふくちゃん”として地域を代表するゆず生産者。

茂木町の山間にある山内元古沢地区にある35アールの畑で、約300本のゆずの木を育てている石河福三朗さん。「ゆずの里」として知られるこの地区で、〝ゆずの里のふくちゃん〟として地域の〝顔〟の役割も持つ。

茂木町はかつて葉タバコ栽培や林業が盛んだったが、時代の変化とともに衰退、地域は荒廃の一途を辿っていた。そして1985年、山内地域づくりシンポジウムが開かれた際、石河さんは庭木として自生していたゆずに目を付け、「ゆずの里」づくり構想を地域の仲間とともに提案した。野生鳥獣による被害も少なく、管理も比較的楽、何よりこの地区の地理や気候、土壌がゆず栽培に適していたこともあり、地域再生の大きなきっかけとなった。

地域を愛する心で地域の活性化に貢献

とはいえ「地域おこし」という言葉すらなかった当時、地域住民はゆず栽培の効果に半信半疑。当時中心的役割を担っていた故・石河智舒《とものぶ》さんが自費で300本のゆずの木を植え、試験的に栽培してみることに。この挑戦が「ゆずの里」実現に大きく寄与することになる。智舒さんは「ゆずの里」会長として、観光のカリスマとして全国を飛び回ってPR。福三朗さんはその想いと遺志を継ぎ、現在も良質なゆずの生産に取り組んでいる。

現在、町内で生産されているゆずの大半は株式会社もてぎプラザ（道の駅もてぎ）が買い上げ、ドレッシングやゆずポン酢、ゆずジャムといったオリジナル商品に生まれ変わり、「道の駅もてぎ」で販売されている。

販路開拓に苦戦した時代を経て、今では特産品として独り立ちを果たした茂木町のゆず。この取り組みは、農産物の産地化を目指す他の地域の大きな希望の光となるだろう。

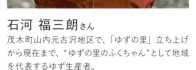

（上）地域の活性化に大きく貢献したゆず栽培。一方で高齢化や後継者不足といった課題も抱える。これらの課題を克服し「ゆずの里」をさらに発展させていきたいと石河さんは語る。

1. 山の斜面に植えられたゆずの木々。「大実ゆず」「多田錦」「花ゆず」の3品種を栽培している。かつて葉タバコを栽培していた石河家では、葉タバコを守るために小麦、大麦を植え、その合間にゆずの木を植えていたのだそう。 2. 小ぶりでトゲの少ない「花ゆず」。徹底した品質管理で、化粧品や香料など飲食物以外への展開も進んでいる。 3. 石河さん宅の納屋には、ゆず栽培に必要な機材が所狭しと並ぶ。

もてぎのおいしい農産物

03

山里にたわわに実る甘い宝石

ブルーベリー

**棚田を築いた先人の知恵を受け継ぎ
地道な努力によって耕作放棄地を
フルーツ村に変えた山内地区。**

馬籠 伸さん
山内地区でブルーベリーの栽培が始まった頃はまだ町役場の職員だったという馬籠さん。役場の経験で培われた冷静かつ多面的な視点で産地化の経過を見守ってきた。

茂木町北部、茨城県との県境に接する山内地区。山間部の地形を生かして築いた棚田の景観は、今や景勝地として知られるようになったが、傾斜地での作業には大きな労力が生じるため、高齢になると米づくりをやめる人が相次ぎ、近年は耕作放棄地の増加が課題となっていた。そこで、地域の農業従事者たちが結集し、耕作放棄地を活用して産地化できる新たな作物への転換を目指した。条件は「山間部でも育ち、寒暖差のある気候に適する作物」、「高齢者でも管理の負担が少ない作物」の2つ。その結果選ばれたのがブルーベリーだった。１９９８年には地区内で部会を設立し、２０００年の春に20戸で栽培を開始。現在22戸が生産を手がけている。

山内地区に住む馬籠伸さんは元・町役場の職員。在職中から栽培に参加し、定年退職後は専業で従事している。馬籠さんは収穫の労力を減らすために、収穫期の異なる40種類の品種を植えているが今年は豊作でいっぺんに実ってしまい、収穫しきれなかったそうだ。「収穫が遅れると熟しすぎて商品価値が落ち、ひどい時は半分が商品にならないこともあります」と苦労を語る。

ブルーベリーのアイスは「道の駅もてぎ」で大人気

収穫した実の大半は「道の駅もてぎ」に出荷される。「手作りアイスコーナー」では、山内地区で収穫された甘くて大粒のブルーベリーを添えた「まるごとブルーベリーアイス」が大人気だ。「生産者としては、『道の駅もてぎ』があることで元気付けられますね。それに、いろんな人とのつながりができたので、取り組んでよかったです」と実感する馬籠さん。産地として成長を果たしたブルーベリーの里が今後も続くことを心から願っている。

（上）気にかかるのは、今後の担い手の確保だという馬籠さん。「私たちの世代で始めましたが、すでに75歳以上が中心です。５年以内に後継者を確保しなくては」と案じている。

1.ブルーベリーは水はけのよい傾斜地を好み、寒暖差によって甘みを増すため山内地区に最適な作物だ。樹高を低めに仕立てれば収穫もしやすい。2.手摘みのため収穫と選別には時間がかかるが収穫期間が短いため、兼業農家に向いている作物だという。3.大粒のブルーベリーが使われた「まるごとブルーベリーアイス」は「道の駅もてぎ」の人気商品だ。

1
2 3

もてぎのおいしい農産物

04

自然と人が育む山の宝物
シイタケ

天然の宝物ともいえる原木シイタケ。豊かな自然と人の営みに育まれた肉厚でうまみあふれるシイタケづくり。

河又 勝男さん

都内の飲食店からも高い評価を得ている原木シイタケを栽培。茂木の地の利を生かし、いいものをつくる生産者がいると広く知ってもらうきっかけにしたいと語る。

なだらかな里山が広がる茂木町の面積のおよそ6割は森林である。地域の人たちは古くからこの森林資源をさまざまに活用して暮らしを営んできたが、とりわけ森林面積の6割を占める落葉広葉樹林の木々は薪炭として利用され、都市部などへも供給された。しかし、高度成長期以降は薪炭の利用が減り、クヌギやコナラなどの原木を利用したシイタケ栽培が盛んになった。

中川地区で暮らす河又勝男さんは妻のユリ子さんとシイタケ栽培を手がけている。この地区ではかつては葉タバコやコンニャク栽培を手がけていたが、時代の変化に応じてシイタケに転換。最盛期にはこの地区に60人もの生産者がいたほどだった。しかし高齢化、そして東日本大震災の影響は大きく、原木生シイタケの厳しい出荷制限や度重なる検査に疲れ、生産者の数は大きく減っている。それでも残った生産者たちは自然豊かな環境の中で、ていねいにシイタケを育て、「道の駅もてぎ」へと出荷している。

自然と人の営みが育む天然の宝物・シイタケ

なぜ中川地区のシイタケはおいしいのだろう。それは、この地域がシイタケ栽培に最適な環境だから。強い風が吹かず、適度な湿気と温かさの中、シイタケはゆっくりと成長し、濃厚なうまみを蓄える。肉厚で香り豊か、栄養価も抜群。その希少性と味わいは料理人からも高く評価され、都内からの指名買いも多いという。

シイタケの栽培にはホダ場のあるスギ林の整備も欠かせない。木を伐る時期、山の管理…手間のかかる作業も少なくない。シイタケ栽培には、自然と人との共存が不可欠。茂木町のシイタケは、単なる〝食材〟ではなく、この土地の自然と生産者の情熱が育む、かけがえのない〝山の宝物〟なのだ。

（上）河又勝男さんと妻・ユリ子さん。「『道の駅もてぎ』で販売することで名前を知ってもらい、ファンになってくれた人も多いんですよ」と河又さんはうれしそうに語る。

1. 夫婦二人三脚で管理するホダ場。かつて家で炭焼きをしていたという河又さんのスギ林を下刈りし、ホダ場に。河又さんは4カ所のホダ場を持ち、ナラやクヌギの原木にシイタケ菌を打ち込み、昔ながらの方法でシイタケ栽培を行う。 2. 収穫したシイタケを乾燥機に入れ、風味豊かな干しシイタケに。 3. 収穫後、乾燥機にかけたシイタケはひとつひとつ手で選別。道の駅もてぎでは、新鮮な生シイタケや風味豊かな干しシイタケを販売。

1
2 3

もてぎのおいしい農産物

05

茂木町の野菜が美味しいわけ

野菜

農業には創意工夫が不可欠
土づくりと高品質な農作物で
持続可能な農村の営みを守る。

栗田 誠二さんと妻の**百合子**さん
ニラは町の振興作物として産地化を目指す取組が行われ、約12名の生産者の部会で出荷している。栗田さんはこの他にサトイモやジャガイモ、サツマイモ、長ネギなどを作っている。

新鮮で質が良いと評判の野菜を求めて、早朝から多くの人でにぎわう「道の駅もてぎ」の野菜直売所。栗田誠二さんと妻の百合子さんはここに野菜を納める生産者の一員だ。栗田さんは勤めていた会社を定年退職後、専業農家だった父親の農地を引き継ぎ、自らも専業農家に。山裾の平地にあるご自宅から少し離れた丘にある栗田さんの畑を訪ねると、ハウスの中には収穫期を迎えたニラが青々と育ち、露地では大きなカボチャが収穫を待っていた。

品質が良くなくてはダメ 大切なのは土づくり

ニラの生産は3月のタネまきに始まる。5月には育った苗を定植し、11月に一度捨て刈りを行う。この作業を経て12月に収穫するニラは「一番ニラ」と呼ばれ、最も甘みが強い。それ以降は約1ヶ月ごとに収穫ができるそうだ。こだわりは土づくりだという。「美土里たい肥を中心に、乳酸菌を含む竹粉や米ヌカを混ぜています。美土里たい肥は大量に使うので、トラックで運んでもらっています」という栗田さん。美土里たい肥はゆっくりと土に栄養が行き渡るため元気な作物が育つそうだ。栗田さんの生産するニラは「道の駅もてぎ」への出荷のほか、農協を経て大手食品メーカーの冷凍食品に使われているというから、我々も知らずに口にしているかもしれない。

一方、栗田さんは茂木町農業委員会の会長も務め、耕作放棄地問題に地域を上げて取り組むリーダー的存在だ。今は新たな振興作物として着目したヘーゼルナッツの生産に向けて奔走し、自らも生産に取り組みながら、道の駅を舞台に加工商品化の構想を描いている。そんな多忙な日々を送る誠二さんの楽しみは妻の百合子さんとの旅行だという。元気の源は夫婦円満にあるようだ。

（上）定年後に専業で農業を始めて今年で12年の栗田誠二さん。自分の農作業のかたわら、茂木町農業委員会の会長として耕作放棄地の解消など、地域の課題にも意欲的に取り組んでいる。

1.夏は酷暑を避け、朝4時ごろから農作業を始める栗田夫妻。 2.重いカボチャの収穫作業は一苦労。収穫だけでなく花芽の状態もチェックする。 3.美土里たい肥や竹粉、米ヌカを使った良質な土づくりが品質の要。茂木町のニラは「道の駅もてぎ」の十石屋で提供する季節限定の「ニラ味噌ラーメン」でも味わえる。

1
2 3

もてぎのおいしい農産物

06

新たな振興作物への挑戦

ヘーゼルナッツ

**遊休農地活用のニューホープ
アイスなど加工食品として
「道の駅もてぎ」での商品化・販売も期待。**

池﨑千鶴子さん（左）と河原照子さん
ともにヘーゼルナッツの栽培に参加している二人の出会いは農業委員会に選任された10年前。以来交流を深め、今やかけがえのない友人同士に。

八溝山系の丘陵地帯に位置する茂木町はなだらかな山並みが連なる山間の地域だ。しかし、平野部が少なく広大な農地を確保できないため、先人たちは棚田を開拓してきた。その美しい景観は「日本の棚田百選」にも数えられている。だが、近年は農業従事者の高齢化と後継者不足により耕作放棄地が増え続けている。そんな状況に手を打つべく、地域の農業従事者による茂木町農業委員会のメンバーは、高齢者でも管理の負担が少なく所得向上にも期待ができる作物を、町の振興作物として検討してきた。そこで今、栽培が進められているのがヘーゼルナッツだ。

六次化への可能性を秘め栽培の労力も少ない作物

ヘーゼルナッツはイタリア北部ピエモンテ地方の原産。耐寒性があり茂木町の気候に適している。また、収穫には落下した実をホースなどで吸引・収集すればよく、高齢でも労力負担が少ないのも決め手だった。なによりメンバーが注目するのは、ヘーゼルナッツが加工品として付加価値を生む可能性の高さだ。

農業委員会のメンバーは先行事例である長野県の生産者を視察するなど検討を重ね、２０２１年には「もてぎナッツ生産振興会」を設立。現在は40名が参加し、町内で約１４００本の苗木がスクスクと育っている。共に視察に参加した農業委員で生産者でもある河原照子さんと池﨑千鶴子さんは、さまざまな加工食品を見て感激したそうだ。「とにかくワクワクしています。道の駅が運営する加工所もありますし、生産者が増えれば加工商品化につながりますよね」（河原さん）「収穫が楽なのも助かります」（池﨑さん）と期待で胸を膨らませる。先人が棚田を築いたように、常に挑戦し続ける地域の人たちの姿は輝いていた。

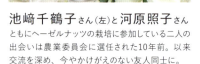

（上）収穫までには3〜5年かかるものの、
生産者の皆さんの表情は明るい。

1.3年経って背丈ほどの高さになったヘーゼルナッツ。農業委員会の会長として陣頭指揮をとった栗田誠二さんは「もてぎナッツ生産振興会」の会長も務めている。2.植樹して3年目の樹にもかかわらず、なんとこの日に花芽が芽吹いているのを発見して一同びっくり。今年の収穫なるか？ 3.苗木の購入には町からの補助を得ている。

1
2 3

独特の汽笛を響かせながら「道の駅もてぎ」の間近を通過するSL。主に土・日曜の12:00頃と14:30頃に通過する。

石炭を燃やした蒸気で動くSL。機関助士は走行中ずっと投炭作業を行う。決められた場所に均等に石炭を投入するのは技術が必要で、とても難しい作業なのだそう。

道の駅周辺の見どころ

SL真岡鐵道

生き物のように躍動するその姿に多くの人が魅せられる。笑顔をつなぎ走る蒸気機関車。

石炭を燃やし、水を蒸気力に変え、黒煙と蒸気を吐きながら走るSL。スマートでも速いわけでもないこの不思議な乗り物に、なぜ人々は惹かれるのだろう。飯を食べ、水を飲み、全力で走るその姿に、どこか人間くささを感じてしまうからかもしれない。

旧国鉄時代の真岡線からSLが姿を消し20年が経った1990年。SLの豪快な走りを通じて子どもたちに夢とロマンを与え、また真岡鐵道沿線のイメージアップや地域活性化を図ることを目的に、SL復活プロジェクトがスタートした。「道の駅もてぎ」の間近をSLが通過するとき、煙を吐きながら走る姿に目を丸くする子ども、里山を背景にカメラを構える愛好家、かつての思い出を懐かしむ年配の方まで、さまざまな人がSLに向かって手を振る。乗客も笑顔で手を振り返す。そんな自然なコミュニケーションが生まれるのも、SLならではの魅力だろう。

「道の駅もてぎ」に隣接する、ロードサイド型ホテル。温かなもてなしと快適な客室を備えたシンプルな環境で、ストレスのない滞在を提供してくれる。

（上）道の駅で購入したものを食べたり、自由に過ごせるロビーラウンジ。旅の楽しさも倍増しそう。（下）必要なものだけを取りそろえた快適な客室。バスタブがない分、快適に過ごせる広さを確保している。

周辺施設

ホテルフェアフィールド・バイ・マリオット・栃木もてぎ

地域と人が自然につながる場所
今の時代にフィットした、新しい地域貢献。

「道の駅もてぎ」に隣接するホテル「フェアフィールド・バイ・マリオット・栃木もてぎ」。〝未知なるニッポンをクエストしよう〟をコンセプトに、マリオット・インターナショナルと積水ハウスが中心となり、日本各地の知られざる魅力を渡り歩く旅の拠点として立ち上げた「フェアフィールド・バイ・マリオット道の駅ホテル」のひとつだ。ここにはモビリティリゾートもてぎでのレース観戦客やモータースポーツ関係者など、国内はもとより国外からの宿泊利用者も訪れる。

　ホテル内にレストランはなく、地域の飲食店や販売店を利用。その土地ならではの食や美しい自然、歴史・文化的な名所、伝統などを巡り、地域を〝クエスト〟する楽しさを演出。地域と滞在者を自然に結ぶユニークな取り組みが注目されている。

お客様やスタッフに「道の駅もてぎ」の魅力を聞きました！

私は高校生の頃、「道の駅もてぎ」でアルバイトをした縁もあって、Uターンを機にここで働くことにしました。「道の駅もてぎ」はスタッフの人間関係が良くて、働きやすいですね。他の部署の方と話すこともよくあります。
リニューアルする「道の駅もてぎ」にはぜひ、若い人たちに来てほしいですね。そのためにも「映える」商品が開発できたらいいなと思います。その際には私も協力したいです！

おみやげ
欅

道の駅
事務室

「道の駅もてぎ」で働いて13年目です。ここに入ってからずっとゆずに関わる仕事を担当していますが、特産品のゆずに関われて地元出身の私としては嬉しいです。地元の生産者の方々と接したり、ゆずが加工品になっていく過程を見られて、地域おこしに関わっているという実感が持てます。
道の駅は町の窓口であり、情報を提供する場でもあると思います。例えば、ここで棚田のお米を買ったことをきっかけに棚田のオーナー制度に参加したり、野菜直売所で買ったいちごが美味しかったから美土里農園にいちご狩りに行くなど、お客様にはぜひ「道の駅もてぎ」から、さらに町のいろんな観光スポットに出かけていただけたら嬉しいですね。

仲間と働くのが楽しくて、気がついたら勤めて14年ほどになります。
「レストラン桔梗」では季節折々のメニューをご提供していますが、内容はスタッフみんなで試作を重ねながら考案しています。それをお客様から「おいしいね」って言っていただけた時は嬉しかったです。
道の駅はその町の情報発信源ですので、お料理にも茂木町らしさを出していきたいですね。

レストラン
桔梗

お客様代表

お隣の益子町から来ました。「道の駅もてぎ」にはお友達と一緒に月2回ぐらいは来ています。お野菜やお惣菜、パン、たこ焼きなどをよく買いますね。「道の駅もてぎ」はお野菜の品数が豊富でお値段も良心的で嬉しいです。お気に入りのトマトを目指してくることもあります。

トイレもきれいでいいですね。それに、バウム工房ではお茶を飲みながら休憩できるし、「道の駅もてぎ」は大好きです。

ここでは生産者さんやスタッフ、お客様とのふれあいがあって楽しいです。中には毎日来てくださるお客様もいてありがたいですね。私は定年退職後、「道の駅もてぎ」で働きはじめて5年目になります。ここで働くことで生活のリズムができますし、常に何かを考えながらスタッフと協力し合っていくことは、人として活性化にもなりますからいいことだと思います。

「道の駅もてぎ」は町になくてはならない施設だと思っています。リニューアル後はたくさんのお客様が来てくださると思いますが、全国的に茂木町の名が知れ渡るよう、これまで以上の商品やサービスを提供していきたいです。

野菜直売所

バウム工房
ゆずの木

「道の駅もてぎ」で働いてまだ1年目ですが、スタッフ同士の仲が良くて働きやすい環境です。それに、みんなが商品を大切にしていることが伝わってきて、いい雰囲気だなと思います。厨房でバウムクーヘンをカットしたり包装したり、接客もあったりといろいろな仕事があるので変化もあって楽しいです。まだまだ覚えることがたくさんありますが、お客様の「おいしいね」という声を励みに頑張ります。新しい道の駅にもぜひたくさんのお客様に来ていただきたいです！

特別寄稿

奇跡のまち「もてぎ」の魅力 ―「しあわせの、自給自足。」

政策研究大学院大学客員教授
元国土交通事務次官

徳山 日出男

岡山県出身。東京大学工学部（工学博士）卒業後、建設省に入省。主として道路行政を担当。アメリカ合衆国道路庁国際研究員として自動運転、ETCなどのITS（高度道路交通システム）を担当。国土交通省東北地方整備局長に着任後53日目に東日本大震災が発生し、人命救助・復旧・復興に尽力。国土交通省道路局長、技監、事務次官を経て退官。現在、政策研究大学院大学客員教授、一般財団法人国土技術研究センター理事長、公益社団法人日本道路協会会長を務める。

今、私は茂木町の虜《とりこ》だ。熱い町長、真面目な役場の人たち、よそ者にも笑顔で挨拶してくれる茂木小・中・高校の生徒さん、誠実な人々。そこには都会とは全く違う「しあわせ」があると感じている。

もともと、私は国土交通省で道路の仕事をしていた。若い課長補佐のころに仲間とともに構想し立ち上げたのが「道の駅」だ。今では1200か所を超え、誰もが知っているヒット商品になったが、意外にもその道のりは平坦なものではなかった。道の駅のアイデアが生まれたのは1990年。それから3年間、各地での実験や制度の議論を重ねて第1回登録までたどり着いたのだが、国土交通省内でも重要施策には取り上げてもらえず、地方やメディアにも成功を危ぶむ冷ややかな声があった。

以来、数だけでなく、質的にも進化をとげてこうした声を跳ね返してきた。第1ステージは「道路利用者の休憩所」つまり通過点。第2ステージは「道の駅を目的地にすること」。そして今は第3ステージとして「地域づくりの拠点になる道の駅」を模索中だ。こうした進化の過程でなぜかいつも好事例として名前が挙がったのが「道の駅もてぎ」だった。実際、2015年には全国6か所の「モデル道の駅」

にも選定された。茂木町の人たちはどうして道の駅にこんなに強い思いをお持ちなのだろう。私の中で「もてぎ」はちょっと気になる存在になり始めていた。

初めて茂木町に伺ったのは、古口町長さんの熱心なお誘いがきっかけだった。そして、現地に伺い、町の人たちとも親しくなり、私が知ったのは茂木町の驚きの歴史だった。茂木町は戦前から戦後にかけてたばこ産業で栄え、人口は3万人を超えていたという。それが1977年の旧専売公社の撤退とともに衰退し、厳しい状況に追い込まれた。さらに追い打ちをかけたのが、1986年に茂木町を襲い、市街地の80%を水没させた「茂木水害」だった。産業が衰退する中での大洪水という絶望的な状況の下で、町のリーダーたちは、河川改修後に生まれた土地に復興の拠点をつくることとし、反対意見を退けて、まだ評価の定まらない道の駅に賭けたのだった。どん底から自分たちの決断と努力で復活してきた町。私はこの町に急激に引き込まれていった。

知れば知るほど、この町は魅力的だった。例えば、道の駅で普通に売られている「美土里たい肥」。牛ふん、生ごみ、もみ殻、落ち葉、間伐材の5種類の原料を、約105日間丁寧に発酵させて製造した、臭いがほとんど無くサラサラで真っ黒の良質な堆肥だ。そして、その堆肥は、道の駅で売られている野菜やいちごを育てるのに使われている。茂木町の野菜やいちごが美味しいのには理由があったのである。しかも、5種類の原料はもともと捨てられるはずのものが、町民の手で町中から集められるのだという。これは、まさに今流行の「循環経済《サーキュラーエコノミー》」ではないか。茂木町では、自然体で、さりげなく最先端のサステナビリティが実践されている。SDGsを偉そうに講釈しながら、毎日満員電車に乗り、生ごみもペットボトルも一緒くたにごみとして捨てている東京の生活の何と空虚なことか。

名物の「バウムクーヘン」にも物語がある。それまで余っていた米粉を原料にする工夫で、ここでもサステナビリティが実践されている。しかも、専門店を誘致したのかと思いきや、主婦3人が神戸に行って作り方を習得してきたというのだ。観光名所となっている城山の彼岸花も、ミツマタの群生地も、町民が年月をかけて育て上げたものだ。リニューアル中の道の駅の建築材料となっているスギとヒノキも、戦前から先人が育てた林を、戦後、外材の輸入で価格が下がった後も見捨てずに大切に管理し守ってきたもので、まさにしあわせの自給自足といえるだろう。ここには都会の見せかけの豊かさとは別物の、正しい生活がある。私はすっかり魅せられてしまった。

茂木の人たちは自分たちの町を、新幹線も高速道路も何もない田舎町という。しかし私の眼には、自分たちの工夫と真面目な努力で価値を生み出した奇跡の町に見える。本人たちはそれを奮闘とか努力とか思っていないようだが、それも茂木の人たちの素敵なところだ。国の補助金や中央から進出した企業に頼った地方創生でなく、自ら持っているものを磨き上げた町おこしがそこにはある。

この本は、各地の地方創生担当者や道の駅関係者に読んでほしい。成功した道の駅の進化のノウハウ本であるとともに、自ら創る本物の地方創生の物語である。道の駅はその拠点であり、第3ステージでも「道の駅もてぎ」は先駆者であり続けている。茂木の魅力にハマりつつある人にも読んでほしい。今感じている魅力の奥深さに気がついて、茂木がもっと好きになるだろう。そして、茂木町の人たちにこそ読んでほしい。自分たちの住む町の素晴らしさに気づいてほしい。

何もない町もてぎには、すべてがある。

第3章

まちづくりの根っこ

里山の恵みとともに
暮らしてきた茂木町の人々。
地域課題の解決に向け
この豊かな里山資源を活かした
取り組みが行われている。

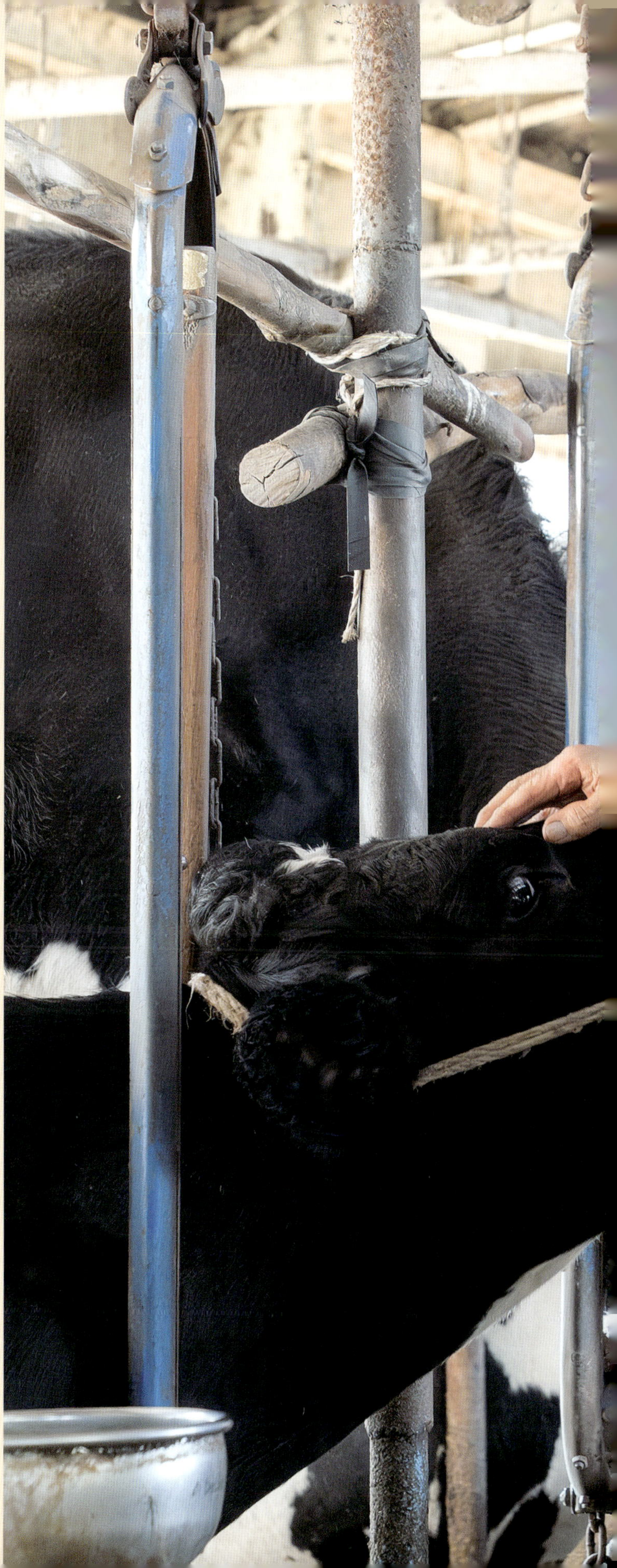

円形発酵攪拌棟（一次発酵棟）に投入された材料は２次発酵棟、乾燥棟を経て、約105日間かけて完熟した「美土里たい肥」に生まれ変わる。発酵時に生じる熱を最大限利用するため、ランニングコストを抑えることができる。

まちづくりの根っこ

01

美土里館

捨ててしまうものから良質な有機堆肥を生産し、
茂木のまちづくりの核となっている「美土里館」。
茂木町独自の循環システムを学ぼうと、
開設から20年経った今も全国から視察者が訪れる。

牛ふんも生ごみも落葉も有益な地域資源

茂木町の食と農は、美土里館で5つの地域資源を約１０５日かけて好気性発酵をしてつくる「美土里たい肥」からはじまる。その資源とは、町内の酪農家が処理に困る「牛ふん」、家庭や事業所などから出る「生ごみ」、稲作農家が毎年頭を悩ます大量の「もみ殻」、里山から出る「落ち葉」、資源にも廃棄物にもなり得る「間伐材」など、捨てればごみになるものを年間で約４４００トンも地域資源にし、良質な「美土里たい肥」約１１００トンに生まれ変わらせている。そして、この「美土里たい肥」で農作物が育ち、人や家畜の栄養となる。こうして地域資源が循環していくのだ。美土里館の費用対効果と環境貢献は約５０００万円に及ぶと茂木町では見ている。

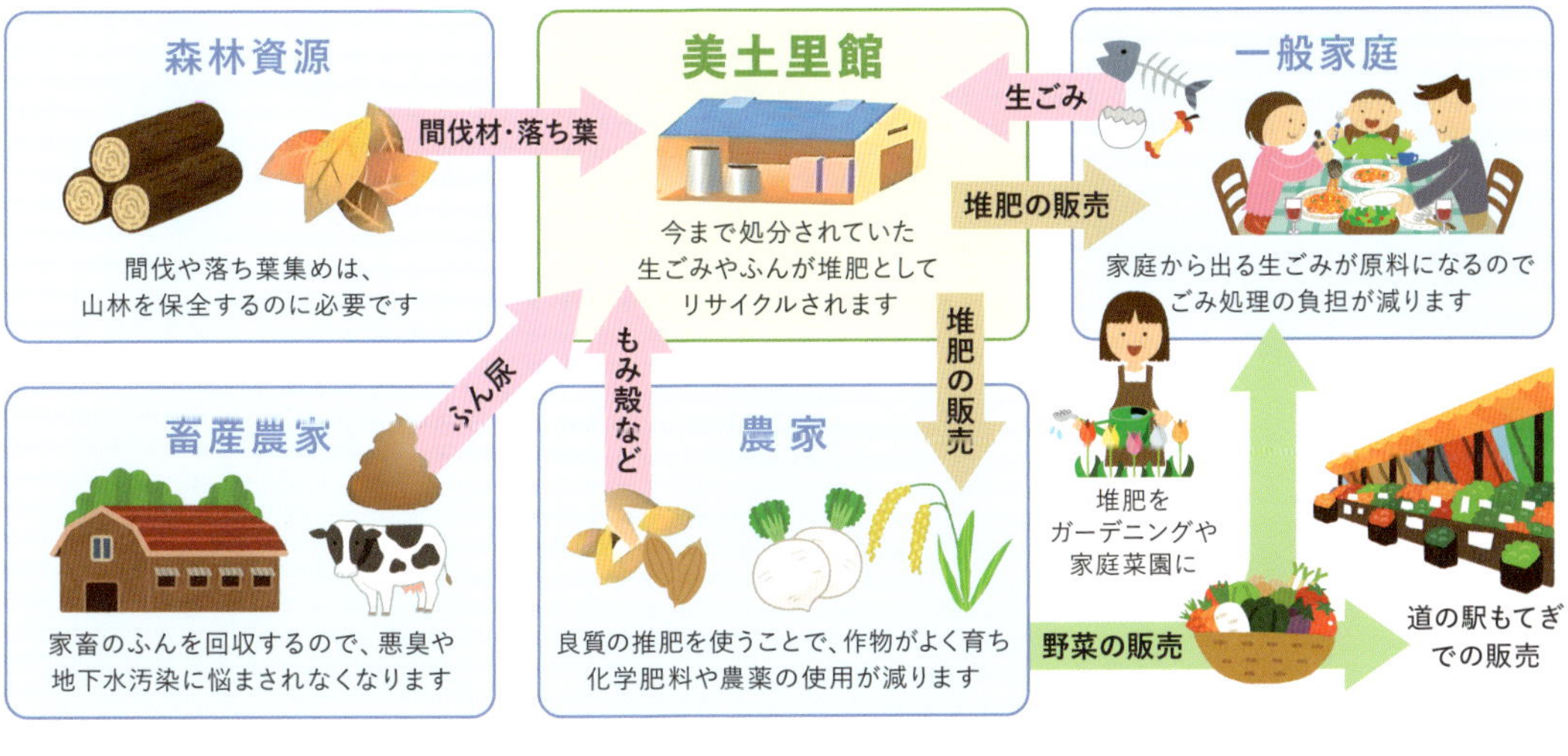

（上）茂木町酪農組合長の荒井さんの牛舎。荒井さんは、獣医で酪農家の父から牧場を継ぎ、約40年前に就農。現在、乳牛50頭を飼育・管理している。センター創業まではふん尿は畑に撒いて処理するしか道はなかったという。

1. 町民が雑木林や里山から集めてきた落ち葉1袋を400円で美土里館が買い取る。落ち葉に付く微生物の働きで堆肥の質が良くなるだけでなく、里山の環境整備、町民の健康増進につながる。2. 荒井さんの牛舎から毎月出るふん尿の量はおよそ30t。週1回美土里館のトラック2台が引き取りに来る。3. 茂木町の「捨てていた」資源から誕生した堆肥。手触りはサラサラでにおいもなく、使いやすい。

1999年、「家畜排せつ物の管理の適正化及び利用の促進に関する法律」が制定された。各酪農家は畑に撒くなどしてふん尿を処理していたが、最終処分まで行う処理施設が必要となった。「その負担は莫大。廃業を余儀なくされるかもしれない…我々酪農家は頭を抱えました」と茂木町酪農組合長荒井敦夫さんは振り返る。

町がひとつになり「美しい土の里」をつくる

酪農組合員と町の思いは同じだった。「町内約700頭の乳牛のふん尿を一カ所に集め処理しよう」。幸い、民間の堆肥生産センターが事業撤退時に町に寄付した跡地建物が使える。

この頃、全国には堆肥センターが整備され、いくつもの課題が浮き彫りになっていた。町の当時の職員で責任者に抜擢された矢野健司さんは「単なる堆肥化センターではいつか機能しなくなる。町ぐるみの有機物リサイクルセンターにすることと、誰もが欲しがる優秀な堆肥を適正価格で出せるようにすることが大事。ならば、まだ誰もつくっていない設備が必要だ」と考えた。

味噌や酒造りと同じ発酵のしくみを使い、ふん尿、生ごみ、そして落ち葉やもみ殻、間伐材を資源にすれば、においのない堆肥が作れると考え、群馬のプラントメーカー岡田製作所に相談。「前例はないが、これならできそうだ」と、2001〜2002年度継続国庫補助事業を活用し「美土里館」の整備がはじまった。

矢野さんらは次に、各牧場のふん尿の状態や量を把握し収集運搬の方法と頻度を決め、収集計画表を作成。同時に、生ごみの回収について町民のコンセンサスを得るために奔走。有機分解性ごみ袋と水切りバケツを手に、市街地1800世帯への説明会を重ねた。「面倒」との声もあったが、理解の輪は広がっていった。こうして2003年4月、操業が開始。農家が「美土里たい肥」を使い野菜をつくり、「道の駅もてぎ」で販売。各家庭で生ごみとなって美土里館に帰ってくる。こうして町独自の循環システムが出来上がっている。

開設から20年以上が経ち、大規模改修に取り組んでいる美土里館。今後は廃竹の資源活用の促進、CO_2やダイオキシンの排出削減量の数値化による環境貢献度の見える化など、地域循環農業の核としてさらなる期待が高まっている。

荒井敦夫さん
「若い後継者が育っている牧場もある。後継者が酪農を続けていくにも、新規就農者を迎えるにもふん尿の処理を社会にとって良い方法でできることは強みになるはず」

矢野健司さん
「一日だって止められないふん尿と生ゴミを預かる使命感だけで動いてきた。廃棄物を処理するのではなく、微生物と相談しながら堆肥をつくる意識が大事だと思う」

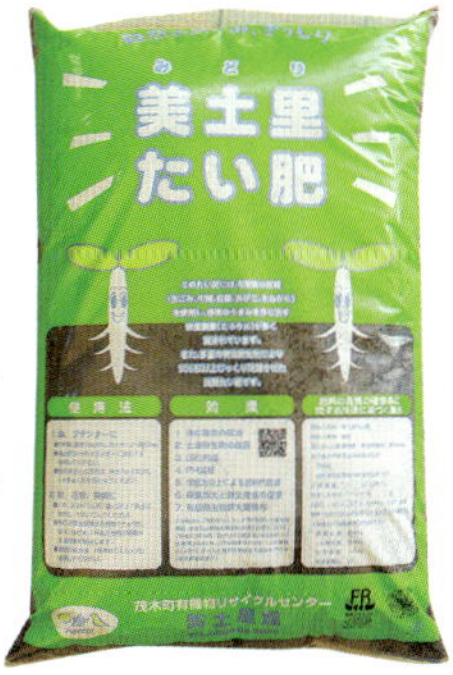

「美土里たい肥」は道の駅もてぎやホームセンターで販売。採れる野菜はひと味もふた味も違い、ピーマンのような嫌われ野菜も子どもたちは「甘い！」と丸かじり。

まちづくりの根っこ

02 美土里農園

いちご狩り農園、いちご販売所として親しまれている「美土里農園」。「道の駅もてぎ」と並び、定番の観光地となっている。

いちご狩りシーズンには、県内外から観光客が訪れる。第1回全国いちご選手権（2023年・日本野菜ソムリエ協会主催）で美土里農園の「とちあいか」が金賞を受賞。品質は折り紙付きだ。

農産物の生産振興と雇用の拡大を目的に町などが出資し、2016年6月「株式会社美土里農園」は設立された。メンバーは若手農業従事者や地域おこし協力隊。遊休地での土づくり、農地づくりからスタートし、いちご、アスパラガス、そばを作付した2年後、茂木町初の観光いちご園を開設、「とちあいか」「とちおとめ」の生産・販売を中心に、イチジクやシャインマスカットなど栽培品目を増やしている。

今シーズン（2024年）はいちごの育苗にこれまで以上に注力。地域の〝師匠〟らからの指導とスタッフの試行錯誤が実を結び、収穫量は過去最高に。スタッフの品質への自信も高まっている。

美土里たい肥をふんだんに使用し、土づくりからこだわった完熟いちごは、直売所や「道の駅もてぎ」での販売のほか、全国に毎日約100件発送される。リピーターも多い。農園の存在は口コミでも広がり、仕入れ契約をする製菓店やベーカリーも年々増えている。また、直売所には「来園するだけでも楽しんでもらえる場にしよう」と、スタッフ皆で商品開発をしたジャムやポップコーンなどの加工品、いちごをモチーフにした手芸グッズも並ぶ。

町の課題を解決し次代を担う農業を目指す

「10年、20年後も茂木で資源循環型農業が持続するように挑戦していくのも私たちの役割」と話す生産部長の篠田直人さん。新たな作物の導入や道の駅など観光スポットとの連携も進めている。「循環型農業×観光」が持つ無限の可能性が花開こうとしている。

1

2

3

4

1.見ているだけで幸せな気持ちにさせてくれる大粒のいちご。「完熟いちご」の集出荷・農業体験にこだわる。 2.農業で生計を立てることができる「強い就農者」の育成も担う。 3.地域の人材や地域おこし協力隊のメンバーが農園を切り盛りする。 4.地域の地権者30数名から町が畑を借り上げ、施設が整備された。

「美味しいね」「また来ちゃった」来園者の声がパワーに

美土里農園 取締役 生産部長
篠田 直人さん

テレビ局勤務時は子どもの寝顔すら見られない毎日。家族と過ごす時間をつくろうと、千葉で農業研修に参加。祖父の故郷である茂木町で地域おこし協力隊を募集していることを知り、移住を決めました。

農園の土づくりから関わり、現在は日々いちご栽培を勉強しています。茂木町を1日かけて観光できる地域にするために、農園に体験設備を増やすことが私の次の夢です。

宇都宮出身。テレビ局勤務を経て茂木町に家族で移住。

茂木中学校

まちづくりの根っこ

03

先人たちが育て、子孫に残した森林資源
地域の歴史と先人の想いを受けとり
地域材の木造施設によって未来へつなぐ。

丸太の柱が連なる印象的な廊下。森の中にいるかのような心地よい空間は生徒たちにも好評だ。

1.木造校舎に生まれ変わった茂木中学校。 2.靴箱やロッカーも木製。収納するもののサイズに合わせたオーダーメードだ。 3.体育館は鉄筋コンクリート造だが内装には木材がふんだんに使われている。 4.木の温もりに包まれた教室。1年生はスギの白太、2年生はスギの赤身、3年生はヒノキが内装に使われ、年齢に応じたふるまいへの願いを現している。

豊かな森林を持つ茂木町。里山の落葉広葉樹林はかつて薪炭林として長く利用されてきた。一方スギやヒノキなどの針葉樹は主に建築用材として植林されてきたが、約30年以下のサイクルで伐採・利用される広葉樹と異なり、建築用材として使えるまでには50年以上もの年月を要する。つまり、自分の次の世代のために植えたものなのだ。日本各地にはこうしたスギやヒノキの森林が数多くあり、学校建設などに利用されてきた。しかし、戦後の木材輸入自由化を契機に日本の木材は次第に流通しなくなり、先人たちが未来のために育ててきた森林資源はいつしか忘れ去られていた。そこに光を当てたのが、茂木町の取り組みだ。

先人が植えた木を活かし 子どもたちの学び舎を作る

今から100年以上前の大正2年、茂木町の旧逆川村では、およそ150ヘクタールの村有林に全戸総出でスギ、ヒノキの植林を行ない、長年下刈りや間伐などの手入れを行なってきた。森林はその後町有林として移管されたが、これらの木々は使われないままになっていた。そしてある時、町有林の視察に訪れた古口達也茂木町長は、ちょうど建て替え時期にある茂木中学校にこの森の木を使うことを思いつく。その背景には、地元の小学生による作文があった。

現在廃校となったその小学校では、6年生が町内の山について学び「ふるさとの山を考える」という文集をまとめていた。そこには荒れゆく山のことや山の重要な役割に触れつつ、忙しい大人たちが山の手入れをできない分、将来自分たちが少しでも山の手入れに貢献したいという気持ちが綴られていたという。古口町長はその想いに応えたいと思った。

「町有林の木で中学校を建てた

い」。古口町長のこの発言は周囲には冗談としか受け取られなかった。というのも、戦後の日本では防耐火の観点から公共建築物は鉄筋コンクリート造が主流となっており、木造の学校建築は異例だったのだ。また、地元木材を使うことは流通材と比較して伐採や製材に手間もコストもかかると思われていた。しかし、古口町長は「山を守るということは、実は農山村の暮らしを守り、そこに息づく文化や伝統を守っていくことだ」という信念を説き、関係者の合意を得て茂木中学校の木造による改築プロジェクトが始動した。

町民の心に残る学び舎づくりを目指す

　このプロジェクトでは「森の国の学び舎づくり」をコンセプトに「町有林を受け継いできた町の歴史を学び、町民の心に残る学び舎づくり」を目指した。そのため、できるだけ多くの町民が関わり、町内の児童・生徒たちは木材の調達から学校建設に至るまでの経緯を校外学習の場とすることにした。

　そして、旧逆川村村有林から4800本の樹木が伐採され、山での葉枯らしを経て皮むきと製材を実施。続いて天然乾燥が行われた。この一連の作業は芳賀地区森林組合が引き受けた。この事業の中心的役割を担った、当時教育委員会で担当者だった小﨑正浩副町長は「学校・教育委員会だけでなく、森林組合や製材所、木に詳しい町民を加えたプロジェクトチームが結成されたことで、町ぐるみの事業がスタートできました」と振り返る。

　設計においては建築基準法や消防法の規制、2階の物音への対処が求められた。そこで小﨑副町長は1階を鉄筋造、2階の床をコンクリートにすることを提案し、上階の音を遮断。同時に建築基準法や消防法もクリアできた。また、構造材・内装ともに無垢材を使うことにこだわり、構造面では東京大学農学部木質科学研究室の実物大の実験により井桁《いげた》構造が採用でき、8メートルの無柱空間を実現した。さらに、栃木県林業センターと宇都宮大学が研究の一環として町有林の木材の強度試験を無償で行うなど、多くの関係者がこの事業をバックアップし、「森の学び舎」はついに2008年12月に完成した。

（上）茂木中学校建設にあたり、町内の児童や生徒たちは木材の伐採から皮剥き、製材、乾燥までの工程を見学した。（下）子どもたちは伐採した跡地での植林体験を通じて、地域の森林資源や林業の営みを学ぶ。

(上) 東京大学農学部 木質科学研究室の実物大の実験による確証を得て井桁構造を採用した空間は、個性的な意匠をも実現。さまざまな工夫がこらされた茂木中学校には、日本各地からの見学が絶えない。

1.あらかじめ組み立てて搬入が行われる井桁構造の部材。2.伐採、皮むき、製材を経て、町内の屋根付き倉庫にて時間をかけて天然乾燥が行われた。この期間はおよそ2年を要した。3.町有林からは樹齢70～95年の木が4,800本伐り出された。

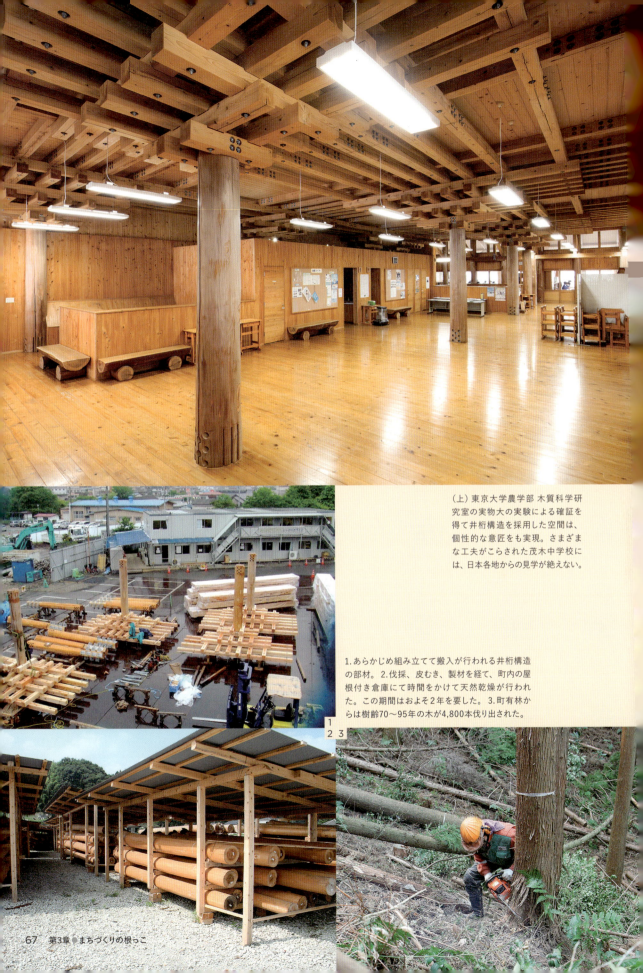

まちづくりの根っこ

04

茂木町まちなか文化交流館

ふみの森もてぎ

中心市街地活性化の拠点として
町有林で建てられた複合文化交流施設
市販の規格材で実現できる先行事例にも。

先人たちが植林し、育成してきた町有林。その木材を使った茂木中学校の改築事業を果たした茂木町は、その後町内全ての小・中学校の木造・木質化を進め、2014年度に完了。そして、次に着手した木造施設は町民から要望が多かった図書館だった。候補地は中心市街地にある旧酒造蔵元の跡地と隣接する旧民間病院の一帯。城山公園から見下ろすとまさに町の中心に位置する場所だ。ここに図書館をはじめ町の歴史資料の保管・活用スペース、文化活動の展示・研修スペース、そしてカフェや情報コーナーなどを有する複合文化交流施設を置き、町の活性化の拠点として活用することにした。町の方針として今回も町有林の木材を主体とする木造建築が計画された。

事業の陣頭指揮をとったのは、茂木中学校改築にも携わった当

(上) 2016年にオープンした「まちなか文化交流館 ふみの森もてぎ」の図書館。市販の規格材を組み合わせたアーチ構造により、柱のない大空間を実現している。(左) 1階と吹き抜けの2階には自習用のデスクを設置。町民をはじめ、茂木町の中高校生たちにも日々利用されている。

栃木県マロニエ建築優良賞(2016)、全日本建設技術協会 全建賞(建築部門、2017)、第34回日本図書館協会建築賞(2018)、第15回木の建築賞 大賞受賞(2021)

時建設課長の小﨑正浩副町長。計画する際に重んじたのは、この場所の歴史的記憶を受け継ぎ、まちなみとの調和を図ることだった。

「奇抜な建物にすれば目を引きますが、それは一時的なことですし、巨大な建物は周囲を圧迫します。城下町の歴史的な景観に溶け込む木造建築物となるよう配慮しました」（小﨑副町長）。

さまざまな工夫を重ね先行事例の役割も果たす

設計が始まると、中心市街地という立地上の問題に直面した。この地域が準防火地域のため、木造建築物の面積が500平方メートル未満に制限されていたのだ。しかし、計画していたのは3000平方メートルだった。そこで、木造の建造物の間に耐火の鉄筋コンクリート造を交互にはさみ、条件に収まる面積で設計、5棟をひとつの建造物にするという設計上の工夫によって解決策を見出し、問題をクリアすることができた。

さらに、もうひとつ工夫したことがある。それは、茂木中学校の視察に訪れた人たちの声がきっかけだった。

「みなさん口を揃えて『うちにはこんな立派な木はないから…』とおっしゃるのです。そこで、この建物では市販の規格材と同寸法の木材を使うことにしました」（小﨑副町長）。工夫を要したのが、大空間の構造だった。通常、大空間では集成材を用いることが多いが、ここでは2メートルの無垢の規格材を継ぎ合わせた構造部材による「連接サスペンアーチ構造」を採用して大空間を実現。完成後視察に訪れた人たちの間で大きな話題となった。

町有林と町民の力ではぐくむ交流拠点

こうして2016年、「茂木町まちなか文化交流館ふみの森もてぎ」が完成。開館にあたり、ボランティア団体「ふみの森の仲間たち　こだまの会」を結成した。この会には、個人のみでなく、読み聞かせの会や民話の会、子育て支援の会、茂木高校生などが参加し、ともにふみの森もてぎを支えている。会の会長石塚きよいさんは、新しい図書館に携わりたいとの思いからボランティアへの参加を決めた。

「整理した書架や入り口に飾った花を見て『きれいだね』と言ってくださる方もいて、その反響が嬉しいです。ここにまた来たいと思ってもらえたら、町の活性化に繋がりますよね。」とやりがいを感じている。館内はボランティアの活動により図書が整理され、生け花や折り紙など季節感あふれる装飾が訪れる人を温かく迎える。また、子ども向けのイベントは親子連れに好評を博しており、同館はまちの賑わいの拠点として、町内外の利用者に親しまれている。木を植えた旧逆川村の先人たちの想いは町民たちにしっかりと受け継がれているようだ。

茂木町副町長　**小﨑正浩**

茂木町出身。「茂木中学校」、「まちなか文化交流館ふみの森もてぎ」の建設にあたり、陣頭指揮をとる。公共建築の木造・木質化に向けた各種講演にも尽力。現在茂木町副町長。

（上）まちなみに調和する木造建築を目指した「ふみの森もてぎ」。かつてこの場所にあった歴史的建造物である酒造の蔵も再活用し、地域の記憶を伝えている。

1. 図書館の16.2メールの大空間を支える連節サスペンアーチ構造の部材。無垢の規格材を継いでいる。 2.「無理なく楽しみながら続けていきたいです」と話す元小学校教諭の石塚きよいさん。母校の茂木小学校で校長を務めたのち定年退職。「ふみの森もてぎ」オープン時に初代館長からの誘いで図書館ボランティアに参加し、メンバーとともに書架の整理や施設の環境整備、美化活動にも貢献している。 3. 栃木県林業センターによる木材の強度試験も実施された。

1
2 3

まちづくりの根っこ

05 公営塾

2021年、茂木町に誕生した関東初の「公営塾」。
この取り組みが茂木高校、町の魅力につながる。

(上)“指導”というより“伴走”という意識で塾生に寄り添う講師。「学校が楽しくなった」という塾生の声も。(右)学校や町の施設を教室として使用。茂木高校と茂木中学校の「公営塾」の交流授業も行われる。

←左ページ
(左)地域おこし協力隊員として、県外から茂木町へ移住してきた講師たち。生徒の思いを受け止め全力でサポートに励む。(右)教室内はいつも和やかな雰囲気。講師に悩みを相談する塾生が多いのも、信頼関係ができている証だ。

「公営塾」とは、自治体が設置する学習支援のための非営利の塾のこと。全国の教育施設のなかでも、茂木町では自治体と学校の連携による「公営塾」をいち早く開始。講師が放課後の教室で、教科学習や自己探究学習の支援を行っている。

「公営塾」があるのは、町唯一の高校である県立茂木高等学校と町立茂木中学校。以前は、町内の中学校を卒業すると、ほとんどの子どもたちが茂木高校へ進学していた。しかし現在は、町外の高校へ進学する学生が半数以上を占め、町としても、茂木高校の存続を含めて危機感を感じている。町を歩く生徒の姿は清々しく、彼らの存在は町民に元気を与え、町の未来を輝かせる〝原石〟といっても過言ではない。

茂木高校の存続を目指すことは、当然ながら茂木町の将来にとって大きな重要性をもっている。「公営塾」は、町の財産である茂木高校の魅力を向上し、学力強化を図り、生徒の興味関心に応えられる、新たな居場所となっているのだ。

米村 直人さん
「すべてがゼロスタートでしたが、町と茂木高校さんの全面協力のおかげで『公営塾』を運営でき、塾生たちとともに僕自身も成長させてもらっています」

茂木町と茂木高校、塾生の大きな可能性

放課後のチャイムが鳴ると、次々に塾生が教室にやってくる。にこやかに彼らを待っているのは、3人の講師たち。「僕らは塾生の可能性を信じて、後押しするだけ。この場所が〝第三の居場所〟として、塾生たちに寄り添えればいいですね」。「公営塾」の立ち上げから携わってきた講師の米村直人さんは、塾生の気持ちを主体とした支援を心がける。「たくさんの支えで合格を勝ち取った」「魅力的な仲間に出会えた」などと卒業生の声がきかれる「公営塾」。開塾して間もないにも関わらず、大学進学実績の向上も達成し「道の駅もてぎ」を活動の場としたイベント開催やポップ（商札）作成など、塾生たちはさまざまな経験を積んでいる。茂木高校の「公営塾」の可能性は、無限大だ。

まちづくりの根っこ
06

自然と人のあたたかさに囲まれた「もてぎ暮らし」

町では移住・定住を考えている人への総合窓口として「もてぎ暮らしサポートセンター」を設け、空き家バンクや各種支援制度の紹介、移住に関する相談を受け付けている。これらの支援制度を活用して茂木町で暮らす、2組の事例を紹介しよう。

空き家をリノベーション　ふるさとでのカフェ経営

Café鎮守
経営
安藤晴美
さん

茂木に戻ってきて、“何もない良さ”、“生み出す面白さ”のようなものを感じています。ここで暮らす人がたまに楽しめたり、外で暮らす人たちが『茂木に行ってみようかな』と思えたりする空間づくりをつづけたいなと思っています。

1.予約優先、特に11:30～13:30のランチタイムは予約制にし、店内に流れる穏やかな時間や、お客さまとのコミュニケーションを大切にしている。2.定番は地元農家さんが育てた野菜をふんだんに使ったスパイスカレーセット。3.安藤さんが描いた絵や、こだわって揃えたアンティーク家具が並ぶ。　4.ペンキ塗りや壁の漆喰塗りタイル張りなどの改装もふたりで取り組んだ。

Uターンでカフェを開業 目指すのは、人が集える場所

茂木町出身の安藤晴美さんは大学進学を機に、埼玉県へ。大学卒業後ライブハウスに勤務し、ライブペインティングやイベントでカレー販売をし、充実した毎日を過ごしていた。しかし父親の急死により、母が暮らす茂木町に戻ることを決心した。

「何も考えずに戻って来た」が、同級生と久々集まり、「いつかお店をやりたいと思っている」と口にした安藤さんに、幼馴染の横堀さんが「じゃあ、一緒にやろうよ」と提案。安藤さんの思いをかたちにしたお店の実現に向け、横堀さんの協力が決まった。そこからは急ピッチで準備が始まった。

埼玉で提供してきたスパイスカレーを茂木の人たちに好まれるようにアレンジする方法や地元野菜を仕入れるルート、SNSを活用した集客は安藤さんの中で固まっていた。だが、物件取得と資金繰りが課題となった。

「空き家バンクを利用したいと町に相談に行くと、創業支援（改修補助等）を活用できることも教えてもらえました。開業手続きも親切にサポートしてくれて、とても助かりました。『若い世代が茂木に戻って、お店を開くのは町としてもすごく嬉しいこと』と言ってもらえて、ありがたかった」と安藤さんは振り返る。こうして決意から4カ月後の2022年6月、飯地区の古民家に「Café鎮守」がオープンした。店舗は田園地帯に佇むが、SNSを活用したブランディングに成功し、県内はもちろん隣県からもお客さまが訪れる人気店に成長した。

移住支援情報サイト
茂木町移住なび

茂木町での暮らしを考えている方向けに、子育て・住まい・仕事に関する情報を提供する総合サイト。各種支援制度もあるので要チェック。

農園
コトリのよりみち
経営
安藤孝人さん
明夏さん

東京から移住して半農半Xを実践

「移住してみたい」という気持ちがあるなら、行動した方がいいですよ、迷っている方に伝えたいです。私たちもまだまだ手探りですが、欲張らず、自分たちのできる範囲で続けていけば、進むべき道が見えてくると思っています。

音楽と無農薬農業を実践 本物の豊かさを知る

岩手県出身の安藤孝人さん、明夏さん夫妻は、東京での音楽活動で出会い、結婚。妊娠を機に「のんびりした場所で子育てをしたい」「安心安全なものを子どもに食べさせたい」と、東京を離れることを考えるようになった。

知人との縁で出合ったのが茂木町だった。町の空き家バンクを活用して確保した住まいに農地があったため、自給自足の暮らしを描き、農業大学校へ通うことに。そこで茂木町がブルーベリー栽培に適していることや、収穫期の夏と剪定する冬以外の時期はゆったりできることを学んだ。「自分たちが今あるのは、音楽があったおかげ」と考えるふたりは、ブルーベリー栽培と音楽の半農半Xができると確信。ブルーベリー栽培が盛んな地域をいくつも訪ね、知識を深める中、地域住民で20年以上管理してきたものの高齢で継続に不安を抱えていた山内地区のブルーベリー農園を引き継ぐことになった。

「見学に行くと『こんな立派な農園を本当にいいんですか？』という感じで。1年目は一緒に管理をしていろいろ教えてもらい、作業小屋や道具も引き継がせてもらいました。資金面でも心強かったです」

自宅に帰ると、ご近所さんからの野菜のおすそ分けが置いてあることもしばしば。

「はじめは『何かお返しをしないと』と思っていましたが、お互いが支え合い、実りを分けあえる文化が残っている。茂木ならではの土地の力だと感じます」。

今、農園には550本の樹が力強く根を張るが、初めての農園経営は一筋縄ではいかない。

「でも、自分たちが描く豊かな暮らしが出来ている感覚があります。それに、ここでの体験が将来子どもたちの記憶に残っていってほしいです」。

1.茂木町の保育園や小学生が摘み取り体験にやってくる。農薬不使用なので、そのままパクリ！ 2.樹は数種類あり、「早生と晩生ではリンゴと梨ぐらい旨味が違う」。3.50アールの農園を除草剤を使わずに管理。繁忙期は朝5時から農園に出て、直売所や全国発送用に収穫。4.ブルーベリー栽培のかたわら、アコースティックユニット＊はなおと＊で音楽活動を行う安藤夫妻。茂木町の棚田や道の駅でもライブを行っている。

1

2

3

4

まちづくりの根っこ

07 「自然」を活かす①
城山公園

豊かな故郷の景色を守り、育てる
人との関わりで成り立つ
里山の豊かな自然。

人々の暮らしの中で育まれ、多様な動植物の宝庫として、また故郷を想起させる美しい風景として引き継がれてきた豊かな里山の自然。だがそれは、〝あるがまま〟で保たれるものでは決してない。住民の憩いの場として長年親しまれてきた茂木町の「城山公園」には、人と自然が良好な関係を維持するためのヒントが隠されている。

この地で守り続ける人と自然の共生関係

住民にとって、毎日仰ぎ見る〝町のシンボル〟でもある「城山公園」は、鎌倉時代に茂木城（桔梗城）が築かれた場所だ。現在も当時の土塁や堀など、山城ならではの高低差がある壮観な遺構が残されており、町の貴重な文化財であると同時に、春は桜、秋は彼岸花、冬はロウバイが咲き誇り、四季折々の情景が広がる憩いの場でもある。

きれいに整備された芝生や散

「ふみの森もてぎ」では、茂木町指定史跡「茂木城」の御城印を販売。通常版のほか、城山の桜や彼岸花、花火をモチーフにした季節限定版があり、ともに300円。

1．八重桜が咲き誇る春の城山公園。中央に見えるのは、展望台「姫の望楼」。2．9月中旬から10月上旬にかけて、南斜面一帯は約50万本の彼岸花で真っ赤に染まる。3．標高166m、かつての城下町の面影を残す街並みが一望でき、町中心部を流れる逆川や、土・日曜には煙を上げて走るSLの姿も。

策路を見れば、町がいかにこの公園の整備に力を入れているかが分かるというもの。散策路にはウッドチップが敷き詰められている。歩きやすいのはもちろんだが、この風景に調和する素材であり、積極的な環境への配慮が伺える。四季折々の散策も町の歴史も楽しんでほしい、そんな町の想いが伝わってくるようだ。

　四季折々の花に囲まれ、ゆったり流れる時間に身を委ねるとき、長年かけて築き上げられた人と自然の〝共生〟についても想いを巡らせてほしい。

城山公園
茂木町小井戸付近
㈳茂木町商工観光課
　商工観光係
☎0285-63-5644

まちづくりの根っこ

「自然」を活かす②

08 焼森山のミツマタ

“森の妖精”とも呼ばれるミツマタ。
地域の努力によって守られてきた幻想的な光景。

地域が力を合わせて守る幻想的な〝妖精の森〟

まっすぐに伸びるスギの木の間を埋めつくすようにミツマタが咲き誇る逆川地区の焼森山。実は自然の群生地ではなく、植林されたものだというから驚きだ。ミツマタの樹皮は良質な和紙の原料であり、現在の紙幣にも使われている。戦時中、紙不足を危惧した地元住民がミツマタを植栽したのがこの群生地の始まり。戦後復興の中でミツマタの存在は忘れられていたが、平成17年から始まった茂木中学校建設事業に伴い、旧逆川財産区の町有林であった周囲のスギの木を伐採した際に再び発見された。光が差し込むようになったことで、生育環境が好転。ミツマタは一気に群生を広げ、見事な群生地に成長。その後、地元住民と町が協力して遊歩道などを整備、現在のような美しい姿を誰でも楽しめるようになったというわけだ。

スギ林に差し込む朝日が、まるでスポットライトのように満開のミツマタを照らす。

山麓の谷を挟んだ斜面約7,000㎡に約7,500本のミツマタが群生。この場所が地域によって大切に守り育てられてきた歴史を実感できるはずだ。

焼森山ミツマタ群生地

茂木町飯（焼森山）
㈲茂木町観光協会
☎0285-63-5644
https://motegi-k.com/

3月上旬から4月下旬にかけて5㎜ほどの黄色い花が一斉に咲き誇り、周囲には甘い香りが漂う。山に差し込む日差しに照らされて黄色に輝くその姿は幻想的で、まさに〝森の妖精〟と呼ぶにふさわしい。開花時期には県内外から訪れる1万人を超える来場者でにぎわい、「いい里さかがわ館」からハイキングを楽しみながら訪れることもできる。単なる〝絶景〟として楽しむだけではなく、この地の歴史や自然、そして人々の努力にも想いを馳せ、心癒されてほしい。

まちづくりの根っこ

09

地産地消①
もてぎのそば

"おいしい"を通じて伝える、伝わる。ピンチをチャンスに変えた地域住民の取り組みと熱意。

自然豊かな牧野地区産のそばを使用。そば打ち体験も実施。

そばの里まぎの
茂木町牧野249
㊢11:00～14:00（土・日曜、祝日～15:00）
㊡水曜
☎0285-62-0333
https://www.sobanosato-magino.jp/

自家栽培のそばを使用。いなり寿司やおにぎりも人気。

そば処おうめ
茂木町青梅367
㊢11:00～14:00（土・日曜、祝日～15:00）
㊡火曜
☎0285-63-4641
https://www.soba-oume.com/

100%地元産のそばを石臼挽き。手作りのお惣菜も好評。

いい里さかがわ館
茂木町飯362-1
㊢11:00～14:00
（土・日曜、祝日／10:30～15:00）
㊡第1・3水曜　☎0285-65-7555
https://sakagawakan.jp/

荒廃が進む地区内の農地を蘇らせようと、１９９８年から牧《まぎ》野《の》地区住民が一体となって取り組んできたむらづくり。古くから地域の名物として愛されてきたそばを目玉に、そばの作付けやオーナー制度をスタート。以降、青梅・逆川地区住民の間でも地域おこしの機運が高まり、今や大人気の農村レストランが次々と誕生した。

そばを通じて伝わる熱意と温かなもてなしの心

山間地域特有の寒暖差や那珂川の朝霧で風味豊かに育ったそばはもちろん、地元産の新鮮野菜、山菜、鮎などの地元食材を活かした料理もそばの味をさらに引き立てる。けれど、多くの人を惹き付ける理由は「地域の魅力は自分たちの力で伝えていく」そんな地域住民の熱意がこもった温かなもてなしがあるから。遠方から訪れる人が後を絶たないのがその証だ。

まちづくりの根っこ

地産地消②

10 棚田の里

日本の原風景と呼ぶにふさわしい
自然と人間の知恵が一体となった棚田。

栃木県内でもっとも盛んに棚田保全の取り組みが行われている茂木町。入郷《いりごう》・山内・天子《あまこ》の3地域で棚田オーナー制度を実施。1999年に「日本の棚田百選」、2022年に「つなぐ棚田遺産」に認定された「入郷石畑の棚田」は、毎年約50組のオーナーと地元農家が交流しながら里山の風景を守る。

暮らしを象徴する棚田が地域と人をつなぐ場に

ここでは畔づくり、田植え、草刈り、稲刈り、収穫祭などの行事が行われる。交流を通じて顔見知りになったオーナーたちは、和やかに会話しながら田植えを進めていく。一方子どもたちは生き物探しに夢中だ。棚田は米を作るだけではなく、斜面の崩壊や下流の洪水を防ぎ、水源の保全、貴重な動植物の生息地などの役目も担うが、それだけではない。人と地域をつなぎ、絆を深める場所にもなっているのだろう。

まちづくりの根っこ

11

地域観光資源①

未成線「長倉線」

里山に抱かれ眠っていた幻の鉄路
もしも列車が走っていたら…
ｉｆの世界への想像をかき立てられる。

1.下野中川停車場跡に再現された、幻の駅「下野中川駅」。かなり大きな駅になる予定だったそう。全国でも希少な、旧国鉄時代の車掌舎が展示されている。2.「幻の長倉線ツアー」では、茂木駅から下野中川停車場跡までの約6kmをガイドの説明付きで辿る。うっかり見落としてしまいそうな遺構にも気付けるのも醍醐味。3.昭和14年に撮影された大峯山トンネルにおける工事中の写真。

国鉄線として開業することを期待されながら、戦争という魔物に翻弄され、列車が走ることはなかった未完成の鉄路「長倉線」。下野中川停車場までの約6㎞、ほぼ全ての鉄道施設が完成していながら、列車が走ることはついぞなかった。

　長倉線は、現在の真岡鐵道・茂木駅を起点に、茨城県常陸大宮市長倉までを結ぶ12・2㎞に計画された路線だ。かつて葉タバコの名産地だった茂木町。多くの人・物資が集まる中、深刻な交通不便を打開するべく、起死回生の策を茂木町民は鉄道の敷設に求めた。1928年、建設決定。1929年の世界恐慌と昭和不況による財政難のため着工は延期となるが、1937年ついに着工、1940年には下野中川停車場までの約6㎞が竣工したという。

　このまま順調に工事は進む、と誰もが思っていただろう。だが1941年、太平洋戦争の勃発により工事は中断。不要不急と判断されたこの路線はその後、二度と工事が再開されることはなかった。

“もしも”に想いを馳せる もう一つの世界への旅

　それが今、“幻の鉄路”として茂木町の貴重な観光資源になっている。線路が敷かれるはずだった、ゆるやかなカーブを描く築堤、旧国鉄の施設を表す「工」の文字が刻まれた古い境界杭、深い緑の中に口を開ける「大峯山トンネル」の壁は、一度も列車が通ることはなく、真新しいまま。里山の中、静かに眠っていたそれらの遺構たちは町の尽力により復元・保存され、この長倉線を辿るツアーも定期的に開催されている。

　幻の鉄路・長倉線。もしも今、長倉線が走っていたら、茂木町はまったく違う姿になっていたのかもしれない。そんな“ｉｆの世界”への想像を静かにかきたてられる場所だ。

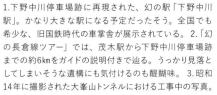

まちづくりの根っこ

12

地域観光資源②　昭和レトロが残る街

もてぎ昭和館
昭和ふるさと村

世代を超えて注目を集める「昭和レトロ」で〝これまで〟を伝え、〝これから〟につなぐ。

昭和ふるさと村

（上）国登録有形文化財である旧木幡小学校校舎。地元産の良質な木材を使用するなど、当時の建築技術を今に伝え、この地域の歴史を知る上でも貴重な建造物。（左）建具や窓ガラス、真鍮釘といった建築材もそのまま残されている校舎内では、陶芸体験やそば打ち体験など、茂木町の歴史と文化と昭和が融合した体験ができる。

当時を知る世代には懐かしく、知らない世代には新しい。昭和の風情を残す街並みが魅力の茂木町では、その個性を生かした「昭和レトロなまちづくり」に取り組んでいる。〝もともとあったもの〟を生かし、付加価値を加え、新たな命を吹き込む。その取り組みからは、地域住民の故郷を愛する心を感じることができる。

貴重な〝昭和の記憶〟を次世代に伝える場として

「もてぎ昭和館」は昭和レトロが楽しめるまちなかスポットとして2024年にオープン。1966年建築の商店を改装して昭和のお茶の間やたばこ店を再現し、数1000点にのぼるレトログッズなど、〝昭和の記憶〟が所狭しと展示されている。明治以降、町の繁栄を支えたたばこ関連のアイテムも充実。街角のたばこ屋を再現した一角やたばこ自動販売機も。

「昭和ふるさと村」は、廃校を活用した体験施設。プールサイドや校庭ではグランピングができ、非日常感も楽しめる。敷地内には、国登録有形文化財の旧木幡小学校校舎が残されている。校舎内では茂木の暮らしを体感できるさまざまな体験教室や懐かしの給食が楽しめるカフェなど、茂木町の歴史と文化と昭和が融合した体験ができる。

町の歴史を知ることが、町の愛着へとつながる。先人たちの想いは、〝昭和レトロ〟を通じて、町の〝これから〟を担う世代へと受け継がれていく。

もてぎ昭和館
茂木町茂木1659-2
㊋土・日曜、祝日／11:00～15:00
入場無料
㊐茂木町商工観光課
☎0285-63-5644

昭和ふるさと村
茂木町木幡252
☎0285-64-3116
https://showafurusato.com/

もてぎ昭和館

（上）1966年建築の「湊屋商店」の内装をリノベーションし、白黒テレビやちゃぶ台のある昭和のお茶の間やたばこ店を再現。町が収集した貴重なレトログッズやポスターをはじめ、町の発展を支えたたばこ関連アイテムも多数展示されている。

1.クラシックな自転車が並ぶ昭和時代の自転車屋を再現。看板や作業服も当時のものをそのままに展示している。 2.昭和中期ごろに使われていた薬箱も並ぶ。当時はこのような薬箱が各家庭にあり、置き薬をしていたという。 3.「湊屋商店」の外観を当時のまま残す「もてぎ昭和館」。店先には1960年代のスーパーカブも展示されている。

2028年春にリニューアルオープンを予定している「道の駅もてぎ」完成予想図。壁から屋根に架けられた木造の構造体は町有林の木材を使用する。
人が行き交う中央部の奥に見えるのは多目的スペース「もてぎルーム（仮称）」だ。

第4章 しあわせの、自給自足。リニューアルする道の駅

道路利用者のためのサービス提供を目的とした第1ステージに始まり、地元の物産を提供して道の駅の目的地化に貢献した第2ステージ。そして今「道の駅もてぎ」は地方創生の拠点としての第3ステージへと歩みを進めていく。

※掲載した情報および完成予想図は2024年9月末時点のものです。内容が変更となる場合があります。

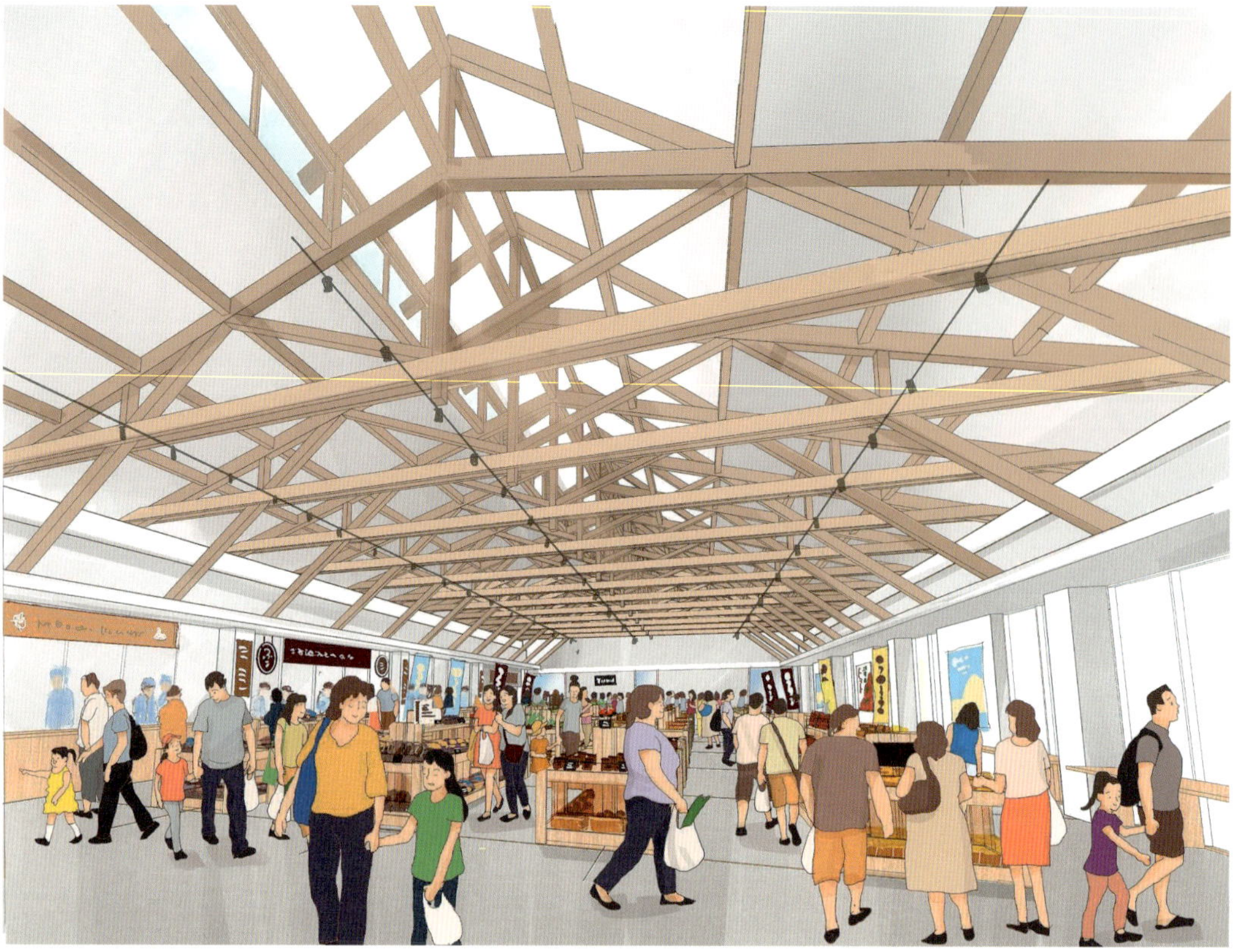

物販棟には野菜直売所とおみやげ売り場がひとつの空間に集約される。広々として開放感のある空間には幅の広い通路が確保され、これまでよりゆったりと買い物ができる。

「道の駅もてぎ」は第3ステージへ

2024年で開業28年を迎えた「道の駅もてぎ」。当初の想定をはるかに超える150万人以上が訪れ、全国モデル「道の駅」に認定された同駅は駐車場の容量不足や施設の老朽化に伴う建て替えを契機に、「道の駅」の新たな姿を示すモデルとなる。

地方創生の拠点となる「道の駅」へ

国土交通省の事業として1990年に第1号が誕生して以来全国に広がる「道の駅」。基本的機能としては、24時間無料で利用できる駐車場やトイレを提供する「休憩機能」や道路情報などの「情報提供機能」、地域の観光情報などを提供する「地域連携機能」の3つを柱とし、第1ステージでは道路利用者が主な利用者だった。2013年以降の第2ステージでは、各地の「道の駅」が地域の物産販売に力を入れはじめ、「道の駅」自体を目的地として訪れる人が増加した。そして、「道の駅もてぎ」は2028年春、第3ステージのモデル駅としてリニューアルを遂げようとしている。それは、「道の駅」が地域と連携を深め、まちぐるみの戦略的取り組みにより地方創生を加速させるという新たな試みだ。茂木町においては人口減少が目下の課題であり、新たな「道の駅もてぎ」は地域の定住促進や課題解決の拠点と

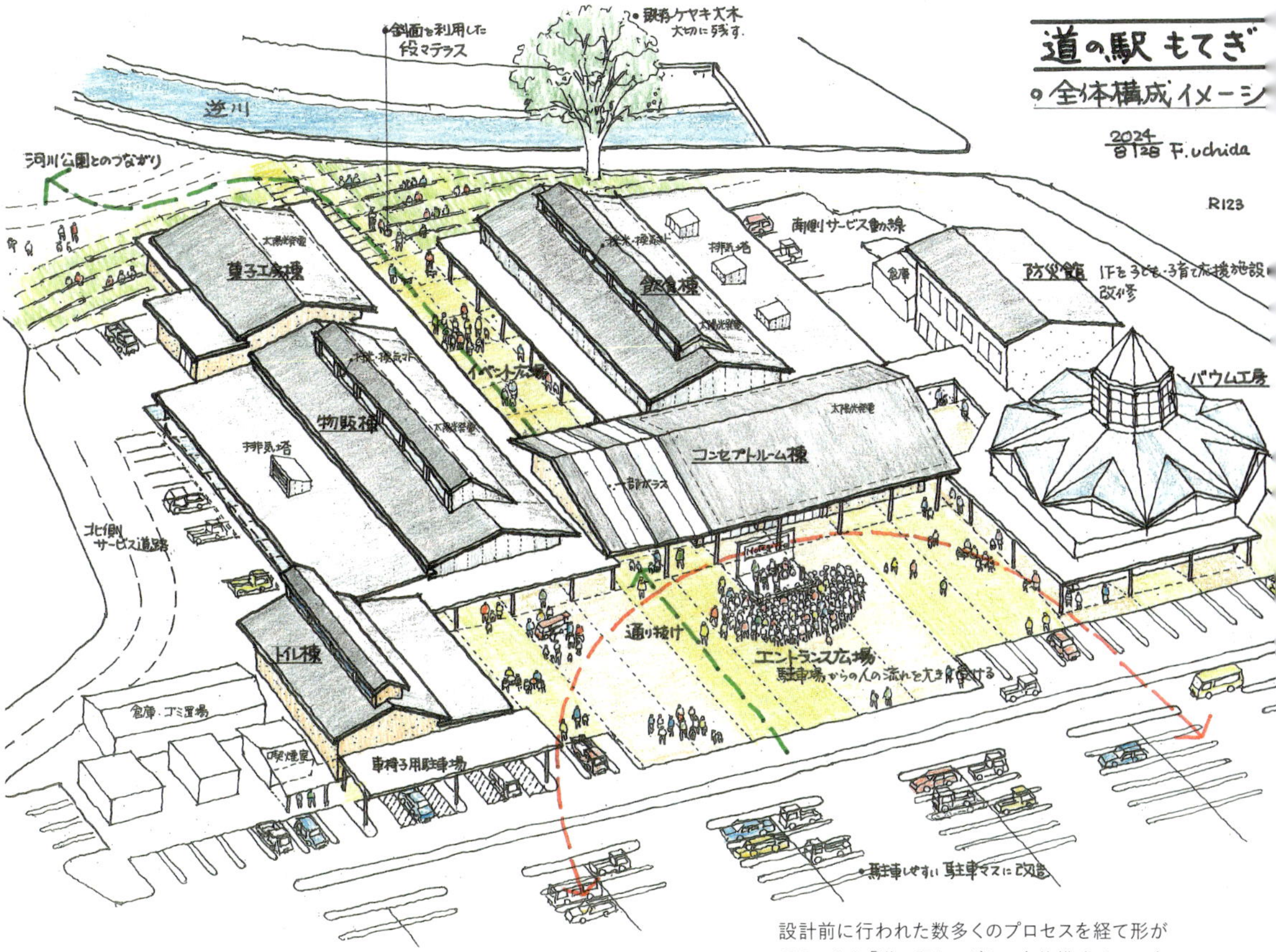

設計前に行われた数多くのプロセスを経て形が見えてきた「道の駅もてぎ」の全体構成イメージ。

しての役割を掲げている。

そして、第3ステージのモデル駅選定後、町内外の関係者とともに協議を重ねる過程で「しあわせの、自給自足。」というキーワードが「道の駅もてぎ」の基本コンセプトとして共有された。それは、豊かな里山の資源を活かして農産物を生み出し、工夫と助け合いで生きる茂木町の人々に対する賛辞であり、都市部にはない「豊かさ」を示している。それを町内外の人に伝えようという思いがこのコンセプトに込められた。

もてぎルーム(仮称)では まちの取り組みなどを発信

この度「道の駅もてぎ」は大規模な建て替えを実施する。建物は町有林の木材を活用する茂木町の基本方針を踏襲しつつ、火や水を扱う厨房や直売所にはコンクリートを用い、使える範囲で木造・木質化を行う混構造の形をとるという。

施設内部の構成も大きく変わる。野菜直売所とおみやげ売り場はひとつの空間に統合し、通路も広いため快適に買い物ができる。飲食店はフードコートに集約。席数は現状の86席から倍以上に増やし、ゆったりと食事を楽しめる。また、キッズスペースや授乳室、遊具の設置も予定しており、子育て世代にも利用しやすい施設を目指すという。

注目したいのが、新たに設ける「もてぎルーム(仮称)」という多目的空間だ。ここは観光情報や歴史、まちづくりの取り組みなど、茂木町の魅力をさまざまな角度から伝える空間だ。例をあげると、「もてぎ水害」や「美土里館」に関する展示、モビリティリゾートのイベントと連動してレーシングカーを展示するなど、さまざまなプレゼンテーションを展開する。ここは町外の人が茂木町への関心を持つきっかけを提供し、移住へとつなげる入口でもある。また、町

内田文雄さん
株式会社 龍環境計画 代表取締役、山口大学名誉教授、一級建築士
早稲田大学大学院修了。大学院にて建築家吉阪隆正に師事、修了後、象設計集団に入所。
「名護市庁舎（81年日本建築学会作品賞受賞）」「KIVA」「冬山河親水公園」等を担当。1988年に龍環境計画設立。「茂木町まちなか文化交流館 ふみの森もてぎ」の設計を担当し、2019年「木の建築賞 大賞」を受賞。

民が町の記憶や魅力を再認識し、郷土への愛着が醸成されれば、人口流出の抑止につながるとの期待もある。

里山の営みに意味がある 茂木町の歴史や営みを可視化

「茂木町まちなか文化交流館ふみの森もてぎ」に続き、今回リニューアルする「道の駅もてぎ」の設計を担当する株式会社龍環境計画 代表取締役の内田文雄さんは、茂木町がこれまで行ってきた取り組みをふまえ、今回のコンセプトに共感を示す。

「茂木町は地域の資源を最大限に活用するべく努力を重ねてきました。その原点は森と暮らしがつながり、循環する里山の営みに行き着きます。先人の植えた木を使った『茂木中学校』、『まちなか文化交流館ふみの森もてぎ』整備事業や、酪農と里山のバイオマス資源を堆肥化する「美土里館」の取り組みも、連綿と続いてきた先人たちの営みの延長線上にあるのです。茂木町の魅力とは、そんなサスティナブルな営みではないでしょうか」。

「町の人たちにもぜひ、こうした『地域の価値』を改めて認識してほしい」と願う内田さんは、地域の歴史や文化、取り組みを伝える「もてぎルーム（仮称）」の存在意義を評価する。その背景として、日本の各地では自分の生まれ育った地域のことを知らない『歴史の記憶喪失』に陥る人が増えていると内田さんは指摘する。

「地域の歴史や文化、魅力を町外の人のみならず町民にも改めて伝える場が「道の駅」には必要です。そこでは、地域のお年寄りが語り部として活躍できるかもしれません」。

さらに、建物には『町の記憶』を伝える意匠も取り入れ、「道の駅」という施設自体が茂木町の里山と一体となった景観を醸成する構想だ。

「周囲にある里山の景観も取り込んだランドスケープデザインも構築する予定です。この周辺の自然環境も含めて『五感で愉しめる道の駅』にしたいですね」。

足元にある資源を見つめる 「しあわせの、自給自足。」

昨今世界的な課題である地球温暖化や環境破壊、資源枯渇の対応策として叫ばれているのが「炭素中立《カーボンニュートラル》」、「循環経済《サーキュラーエコノミー》」、そして「自然再興《ネイチャーポジティブ》」という概念である。それを実践していた農山村が衰退する中、茂木町では現在もその営みを最新の技術と知見でアップデートし、まちの基盤としている。これは世界の潮流において最先端の取り組みといえるだろう。それを支えるのが、粘り強く課題克服に取り組むもてぎの人たちだ。彼らはまちがいなく「しあわせを自給自足」する豊かな人たちなのだ。

これからは「道の駅」を拠点に地域の生産者や学生、子育て世代、お年寄りなど、あらゆる世代によってもてぎの魅力が伝

現状では分散している飲食店をフードコートに集約。天井に架けられた木製の構造体が温かみのある空間を創出する。

えられ、町を訪れる人とより深く持続的な関係が築かれるかもしれない。「新たなコトが起き、新たなつながりが生まれる」。それが第3ステージの「道の駅もてぎ」が目指す姿であり、施設が完成してからが新たなスタートだ。その時「しあわせの、自給自足。」は地域を象徴するキーワードとして大きな意味を示すだろう。

（上）町の貯木場には道の駅建設に使用される町有林の木材がストックされている。
（下）駐車場から建屋を望む。リニューアル後は駐車スペースも拡大される予定だ。

関係年表

和暦	西暦	日付	事項（道の駅もてぎ）
昭和61	1986	8月5日	台風10号による逆川の氾濫
昭和63	1988	12月	ツインリンクもてぎ構想開発着手
平成元	1989	4月	十石地区用地取得（6ha）
平成3	1991	10月	十石地区土地利用構想策定着手
平成5	1993	3月	十石地区土地利用構想策定テーマ「水と光と地域文化」
		7月	自治省（現・総務省）より「特定地域における若者定住促進等緊急プロジェクト」事業の認定を受ける
			農林水産省より「新農村地域定住促進対策」事業の認定を受ける
		10月	もてぎプラザ建設事業着手
平成6	1994	4月	ツインリンクもてぎ建設着工
平成7	1995	4月1日	茂木町保健福祉センター「元気アップ館」開館
平成8	1996	4月16日	栃木県第1号の道の駅に指定（登録）
		7月13日	もてぎプラザ（道の駅もてぎ）オープン
平成9	1997	7月7日	道の駅第3セクター設立検討開始
		8月1日	ツインリンクもてぎ（現・モビリティリゾートもてぎ）オープン
平成10	1998	7月28日	道の駅第3セクター設立検討委員会発足
平成11	1999	10月1日	第3セクター株式会社もてぎプラザ発足、道の駅もてぎの管理運営委託開始
平成15	2003	2月	商工館改装
平成16	2004	3月	ききょう改装（おにぎり、健康食品）
平成20	2008	3月29日	野菜直売所、アイス売り場、レストラン改装
平成21	2009	3月	たい焼き・たこ焼き富次郎オープン
平成23	2011	3月11日	東日本大震災
平成24	2012	3月	防災井戸導入
		5月6日	竜巻被害
		5月8日	茂木町特産品加工所（もてぎ手づくり工房）オープン
		10月6日	もてぎすきだっぺクラブ開始
平成25	2013	3月1日	おみやげけやき、十石屋リニューアルオープン
		4月1日	太陽光発電装置設置（アグリハウス屋根上等）
		4月18日	茂木町防災館オープン
平成26	2014	11月1日	もてぎ手づくり工房増築部竣工（えごま加工スタート）
平成27	2015	1月	全国モデル「道の駅」認定
平成28	2016	3月27日	バウム工房ゆずの木オープン
		6月1日	農事組合法人美土里農園設立
		9月25日	全国道の駅グルメ選手権で「ゆず塩ら～めん」初代グランプリ受賞
平成29	2017	3月25日	さわやかトイレリニューアル竣工
		8月1日	茂木町特産品加工施設（バウムクーヘン第2工場）オープン
		10月29日	全国道の駅グルメ選手権で「ゆず塩ら～めん」グランプリ2連覇
平成30	2018	9月24日	全国道の駅グルメ選手権で「ゆず塩ら～めん」グランプリ3連覇
		11月22日	「第5回ディスカバー農山漁村の宝」グランプリ受賞
平成31	2019	3月5日	平成30年度6次産業化アワード奨励賞受賞
令和元		9月21日	全国道の駅グルメ選手権で「ゆず塩ら～めん」殿堂入り
令和2	2020	11月20日	フェアフィールド・バイ・マリオット栃木もてぎオープン
令和3	2021	3月6日	つけ汁うどん店オープン
令和4	2022	3月1日	「ツインリンクもてぎ」開園25周年を機に、名称を「モビリティリゾートもてぎ」に変更
		9月18日	国土交通省、「道の駅第3ステージ」実現のモデルプロジェクト実施箇所に道の駅もてぎを選定
令和5	2023	10月	道の駅もてぎリニューアル設計事業開始

掲載施設一覧

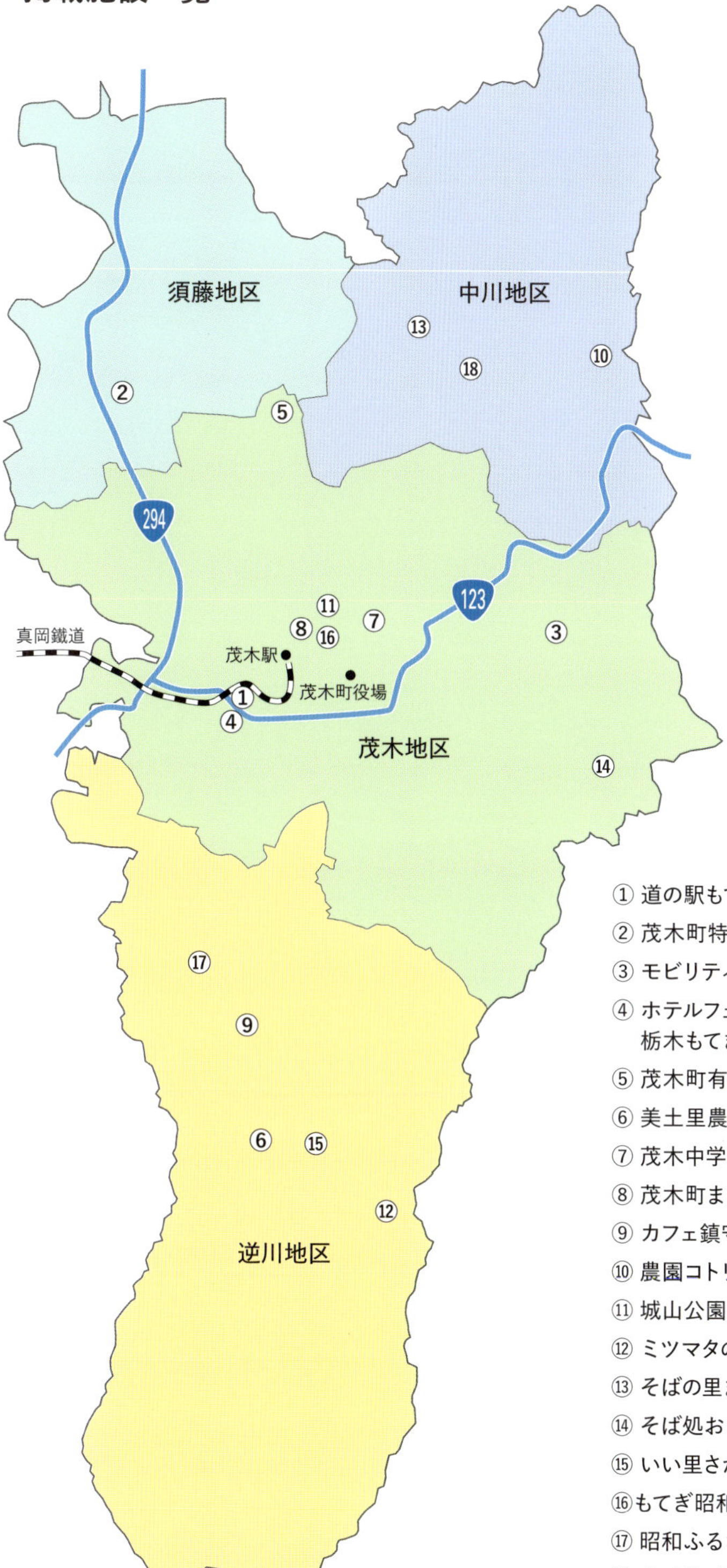

① 道の駅もてぎ
② 茂木町特産品加工所 もてぎ手づくり工房
③ モビリティリゾートもてぎ
④ ホテルフェアフィールド・バイ・マリオット・栃木もてぎ
⑤ 茂木町有機物リサイクルセンター 美土里館
⑥ 美土里農園
⑦ 茂木中学校
⑧ 茂木町まちなか文化交流館ふみの森もてぎ
⑨ カフェ鎮守
⑩ 農園コトリのよりみち
⑪ 城山公園
⑫ ミツマタの森（焼森山）
⑬ そばの里まぎの
⑭ そば処おうめ
⑮ いい里さかがわ館
⑯もてぎ昭和館
⑰ 昭和ふるさと村
⑱ 木成線（長倉線）下野中川停車場跡

本誌P34-37において取材にご協力いただきました大森誠一さんは、2024年4月26日にご逝去されました。

謹んでご冥福をお祈り申し上げます。

参考文献
『328ミリのおしえ　昭和61年8月 台風10号による災害記録』 栃木県茂木町 編
『逆川激特事業の記録』 栃木県 編

しあわせの、自給自足。

2024年11月8日　発行

編者・発行　栃木県茂木町
〒321-3598
栃木県芳賀郡茂木町茂木155番地
TEL 0285-63-5619（企画課企画係）

発　　売　下野新聞社

編集協力　有限会社随想舎

本書に関するご質問などは、上記茂木町企画課企画係までお問い合わせください。